Hello Paris

HELLO PARIS!

漫步 卢浮宫博物馆

Wandering through the Louvre Museum

胡毅涵 / 著

If you are lucky enough to have lived in Paris as a young man,
then wherever you go for the rest of your life,
it stays with you,
for Paris is a moveable feast.
——Ernest Hemingway

如果你年轻时有幸在巴黎居住过，
那么无论以后你去哪里，
巴黎都会与你同在，
因为巴黎是一场流动的盛宴。
——欧内斯特·海明威

江西美术出版社
全国百佳出版单位

序

——献给钟情于艺术的你

艺术是一个动词，她无时无刻不在变化，可就是因为她的变化多端才让人如此着迷。正如上一本《漫步梵蒂冈博物馆》所讲述的人文复兴，到这一册《漫步卢浮宫博物馆》所描写的世界大同，双方藏品各有千秋，特点各有不同，未改变的只有西欧艺术一贯的魅力、深厚的文化底蕴和无限的想象力。

古今中外，艺术为何物的争论从未停止，往往莫衷一是。然而日渐浮躁的我们到底能在这“虚无缥缈”的艺术里获得什么？此般扪心自问，在群体无意识、盲从跟风、急功近利的 21 世纪初，似乎显得尤为必要。

没错，如今某些人把艺术玩弄于股掌之间，炒作、投机、变卖，把作品当作商品，降解为纯粹的虚名与铜臭，未有丝毫的严谨与敬畏之心，然而却也算是“符合这物欲时代的主潮流”。可我思忖着，总归有一些谦卑的仁者，通过艺术陶冶情操，修身养性，甚至畅游其中，达到忘我之境；还或许有某些敏感的善者，用艺术舔舐创伤，建立思想与感情上的私人羁绊；再或许有那么一小部分深谙中庸之道的智者，只盼望在茫茫艺海里寻到属于自己的一叶扁舟……于我拙见，艺术不仅能拓宽灵魂的广度与深度，而且能让普罗众生在跌宕起伏的人世中，拥有处变不惊、温柔安定的内心。总而言之，不论你属于哪一类“不符合物欲时代主潮流”的文人，都定能在巴黎的艺术宝库里寻得心之所爱。

居欧 10 余载，游历 40 余国，路途上不乏惊喜与感叹，我发现各国之间的宗教、文化、习俗、艺术、历史脉络等细枝末节虽有诸多的不同，

致 谢

感谢徐易欣倾囊相助的整合
感谢涂文辉孜孜不倦的校阅
感谢张露璐水墨晕染的手绘

可归根结底亦是殊途同归，暗忖生而为人的繁衍逻辑和普世爱人的常理自是亘古不变的真理。只可惜人生短短数十载，却有大千世界待人探寻，因此我不舍得停下脚步，贪心地想把一路上的见闻、感悟、不舍、留念都化成回忆，记录到字里行间。因为只要这些文字还有人阅读，那么那些喜忧参半的旅程便可在搁笔时化成心头间一缕缕余留的墨香，得以留存延续。

艺海无涯，任君驰骋。艺术虽天生携有天马行空和无所畏惧的特性，但相比走马观花的观赏模式，有咀嚼和把玩的可能性才更加让品鉴的工序变得回味无穷，这正是本书的思维主导。这一本纯粹私人的、带着谦卑与敬畏之心所写的艺术笔记，既没有旅游手册的商业夸诞，也没有历史课本的专业规矩，虽然旁征博引再三确认，只求有据可依有章可循，并不求事无巨细博古通今。仅希望这本通过所学所感而书写的微笔记，能够为自己在巴黎多年的艺术浮生画上告一段落的省略号，同时希望借助世上最恢宏的卢浮宫博物馆的珍品精髓，以及这座浪漫之都的文艺灵感，把巴黎这幅流转的画卷分享给同样热爱艺术的你。

怀着爱人爱世之心，踏上卢浮宫的寻宝之旅吧，在这嘈杂纷扰的物质世界中，寻觅属于自己的那一片精神伊甸去吧，哪怕途中需要披荆斩棘，哪怕最终只带走一丝丝的美悟、一刹那的愉悦。

Part 1　Paris，jet’aime 爱在巴黎

Part 2　阿里巴巴的藏宝图

Part 3 沉沦巴黎这场梦

Part 4 送你一张老司机的巴黎地图

Part 1

Paris, je t'aime 爱在巴黎

巴黎是座让爱发生的城市，这炽热的爱一旦开始，便一发而不可收——你可以爱她遍布全城的美术博物馆和画廊；你可以爱她在热情而放纵的深夜都不会打烊的酒吧；你可以爱她的时尚品位、文艺气息；你还可以爱她的塞纳河与两岸久看不厌的美景；最后，你也可以和她一起坠入爱河，在小麻雀皮雅芙的《玫瑰人生》中被情欲和浪漫所激荡……

巴黎的天空下一切都显得那么优雅那么美

1

群星璀璨的浪漫之都

初识巴黎，便被她的美所惊艳。这些细碎的优雅，被碾进漫长的时光里，成为一种符号，举手投足间，让人怦然心动。

巴黎的美，美得很精致。

春风把杜乐丽花园的花儿都吹醒了，空气中弥漫着玫瑰和紫藤的芬芳。在园艺师巧手的搭配下，各色花草植物都绽放出新生的活力。这是一个典型的法国皇家花园——修剪整齐的树冠下用砂石铺起笔直的林荫道贯穿花园全境，两旁错落着几何分散式的喷泉眼和旋涡状的灌木丛。路旁精巧的白色石雕和绿色铜像讲述着古希腊史诗般的神话。不远处卢浮宫的金字塔在阳光下流光溢彩，这座八百年的宫殿在被历史的风雨洗刷之后愈发显得生机勃勃。

爱桥上的同心锁在夏日持久而焦灼日光里诉说着伊夫·圣洛朗与他的伴侣皮埃尔·贝尔杰长久而缠绵的一吻，一丝清风划过耳旁，似乎能听到他们浓情蜜语。据说，只要在同心锁上刻下双方的名字，挂在爱桥之上，许下心愿，再把钥匙奋力甩出桥外，叮咚一声激起片片涟漪，随着这把打开他们心房之锁的钥匙缓缓沉入河底，这对

爱桥上的无数同心锁，如今已被悉数拆下，市政府打算在不久的将来给这些见证无数情侣的爱情之锁建立一个博物馆

夕阳西下是在塞纳河乘船的最好时刻

MOULIN

爱人将永世相伴相随，不离不弃。确实，在巴黎有最美丽的人说着最动听的情话，这是个浪漫无处不在的被丘比特射中的城市。情人们相互依偎在塞纳河上的摆渡船里，聆听巴黎圣母院里卡西莫多为爱斯梅拉达敲响的钟声，在橘色的夕阳下相拥热吻，他们的爱意随着塞纳河的流水飘向远方。

被金色的银杏落叶覆盖着的左岸小巷提醒着巴黎人秋天已经悄悄来临。肖蒙山丘公园的野鸭戏着水，摩天轮在爽沥明澈的蓝天下缓慢旋转，协和广场的方尖碑浸在金秋的晨光里显得格外耀眼。沿着河岸，听秋风穿过树叶簌簌作响，闭上双眼，让风拂过头发和指尖，顿时觉得舒爽而释然。河岸旁奥赛博物馆的老挂钟沉郁地撞响了巴黎的前世今生，帝都的千年光景在眼前瞬间逆转。

蒙马特高地的夜幕总是在大雪纷飞的冬季早早降临。但这丝毫不影响她的魅力，恰恰相反，这正是她一天中最自豪的时刻。街头狂欢的人群开始把空气搅动得热烈迷离，蒙马特沉浸在黄油、奶酪、薄饼和热甜酒的香气里。一杯热葡萄酒下肚，不仅驱除寒意，身体也跟着酥软下来。穿过街边热闹的人群，随性走进一家酒馆，扑朔迷离的灯光、节奏鲜明的音乐让身体不由自主地起舞。金发女郎在灯红酒绿的街口熄灭一支悠长的烟，喧嚣与激情一起拉开红磨坊的帷幕，不夜城的故事正式上演。

巴黎圣母院的钟声在夏季的和风里回荡

春天的杜乐丽花园是巴黎人最爱日光浴的地方

金色的银杏叶提醒着巴黎人秋天正在悄悄来临

喧嚣与激情一起拉开冬日红磨坊的帷幕，不夜城的故事正式上演众星捧月的巴黎从不乏仰慕者，不论何时，总有人倾诉着对她的爱恋。扑朔迷离的她不断地出现在文学、绘画、戏剧、电影、音乐等各种艺术媒介里，给世人留下了千变万化的印象，她是艺术家的不老情人，是旅行者向往的圣地，她所赋予的灵感永远都不会竭尽。

20 世纪 20 年代，海明威和妻子客居巴黎，留下一本《流动的盛宴》。书中，他和一位优雅的巴黎女郎在咖啡厅里的偶遇情节让人记忆犹新："我看见了你，如此可爱的你。正因这一眼，你便从此属于我。不论你在等待谁，哪怕我们就此别过之后不再相见。你属于我，就像巴黎属于我一样，两者到头来只仅仅归于我的纸和笔。" 巴黎就像是这样一个令人琢磨不透的女子，她用她的天真和优雅，吸引着人们向她靠近。她属于每一个人，但又把每一个人都抛在了身后。

塞纳河左岸的大大小小的咖啡厅在法国的传统文化里一直处于特别的地位，法国人称它们是自由灵魂的庇护所。各种哲学思潮、政治观点、艺术风格在此汇集，每晚都有无休止的辩论和畅谈，它们在此被批评、被争论、被发挥、被推向时代的最前沿。在这群咖啡馆里不仅诞生了举世闻名的法国大革命，还萌芽了启蒙运动，雨果、巴尔扎克、狄德罗、莫里哀、萨特等一批批文学家、哲学家与艺术大师都是它们的座上宾。存在主义哲学家萨特在双叟咖啡馆里写出了他的惊世随笔；超现实主义创始人布勒东和阿拉贡则在花神咖啡馆里发表了《超现实主义宣言》；印象派作曲家德彪西在这里给众人留下一曲沁人心脾的《月光》……巴黎注定是文艺的，她与生俱来的恋旧情绪与人文气息漫溢在每个角落。

可她的文艺魅力还远不止如此，从 19 世纪末到 20 世纪中下旬，各国艺术家也被她自由革新和包容个性的风尚所吸引，纷至沓来，巴黎画派迅速成为时代的风向标。荷兰裔画家梵·高、西班牙裔艺术家毕加索和达利、意大利裔画家莫迪利亚尼、罗马尼亚裔雕塑家布朗库西、俄罗斯裔画家夏卡尔在这座摩登的欧洲艺术之都找到了自己的一席之地。艺术在这里跳出了桎梏，

众星捧月的巴黎从不乏仰慕者，
不论何时，总有人倾诉着对她的爱恋

巴黎咖啡店的门面永远惹人喜爱

大街小巷都是艺术家灵感缪斯的栖息地。诗人让·卡苏感叹：“梵·高所寻的正是来自巴黎的灵感之光，因为有且只有这里的光芒才能让印象派生根发芽。”这片自由革新的文艺土壤弥漫着叛逆的气息，巴黎数百家享誉全球的私人画廊和艺术沙龙，义无反顾地接受并展出被国立美术学院或其他官方文艺机构拒绝并唾弃的“前卫”艺术作品。眼光独到的策展人敏锐地判断出这些不被官方所接纳的画作前景，他们毫不犹豫地资助了几批囊中羞涩的新兴艺术家，并鼓励他们坚持自己的艺术理念，追求自己的艺术信仰，如今家喻户晓的达达主义、立体主义、超现实主义、象征主义都是通过这种非官方渠道兴起的，它们雨后春笋般在这座艺术之都诞生并逐渐成为主流，最后超越主流。

毕加索自画像

布朗库西肖像

莫迪利亚尼肖像

海明威伏案撰写《巴黎是一场流动的盛宴》

梵·高自画像

达利肖像

导演们也纷纷拿起他们的摄影机，尽其所能地捕捉这座浪漫之都最动人的一面。《午夜巴黎》梦回 20 世纪初，满足了人们对这个不夜城永恒的怀旧情结，那些文人骚客哲学式的对话值得回味，似乎所有的人生问题都可以在巴黎街头某间不起眼的咖啡馆里找到答案；古灵精怪的艾米丽捉弄尼诺的花招在《天使爱美丽》中被表现得酣畅淋漓，她却不知自己已无药可救地跌入爱情的泥沼。耳畔响起揉碎在幻妙光影里的手风琴曲《艾米丽的华尔兹》，脑海里浮现出傻乎乎的尼诺为了找回自己心爱的相簿，从圣心大教堂的台阶上奋勇而下的那一刻，他和惊飞的鸽群一起把影片推向最高潮；而《爱在日落黄昏时》则把十年后再次相遇的杰西和席琳彻底地定格在塞纳河柔美的夕阳里，两人之间充满爱意、悔意、醉意的深刻对白叫人浮想联翩，这部电影以最柔情最彻底的方式诠释了巴黎，诠释了爱。

电影《爱在日落黄昏时》

电影《天使爱美丽》

电影《午夜巴黎》

巴黎是什么？我不敢回答，也没有人可以回答。她属于每一个爱她的人，却又逃离出每一种俗套。借用杜拉斯的一句情话：这时候的我已经老了。一天，在某处旅馆的前厅里，一个男人向我走来。他对我说：“我认识你，而且永远记得你。那时候，你还很年轻，人人都说你美。现在，我是特意来告诉你，于我而言，现在的你比年轻时更美。那时候你是个风华正茂的窈窕淑女，但我却更爱你如今香消玉殒的面容。”

这，就是我认识的巴黎。

圣母院上的滴水嘴兽，若有所思地注视着整个巴黎，孤独的它在嫉妒着这座爱城里成千上万的恋人们吧……

2 爱城打卡必备神器

想不费力气玩转爱城？一点也不难，只需些许准备，便可立刻拥抱这座谜一般的城市：在 Skyscanner(天巡网）上比较航班公司飞往巴黎的机票；在 Airbnb(爱彼赢）上根据喜好选择特色民宿，也可在 Booking 上预订酒店或青旅；Citymapper 提供巴黎交通路线，涵盖巴士、地铁、RER、城际快线、火车、有轨电车、共享单车的实时信息。Navigo 巴黎公共交通卡分周票、月票、年票，允许持卡人在规定时间内无限次乘坐所有公共交通工具，巴黎地铁站均有出售；法国最常用的网约车平台是 Uber；Balades durables（漫步巴黎） 则是巴黎市政府鼓励市民在闲暇时走出家门的神器，使用者可以借助它探索巴黎街区中不为人知的小秘密、并且获取最新文化资讯；My Paris Street Art （巴黎街头喷涂艺术）会显示所有隐藏在巴库街头巷尾的涂鸦艺术的地点，并且定时更新；法国人喜欢用 La Fourchette 来寻找性价比高的餐厅；Mister Good Beer 提供巴黎所有酒馆的实时性价比列表；Trip advisor 则列举出所有酒吧餐馆，景点地标，并可以参阅其他使用者做出的售后评价；O ù faire pipi à Paris（在巴黎哪里

小解）当之无愧是全城最实用的应用，它列举出巴黎奇缺的所有公共盥洗室的位置和距离；最后，巴黎博物馆通票是最难得的利器，它不仅允许使用者在有效期内无限次进出本城所有公立博物馆（包括凡尔赛宫等近郊城堡），还可以享受免排队入馆的优待，分两日(48 欧元)、四日(62 欧元)和六日(74 欧元)，报刊亭、旅游局和博物馆均有出售。

法国建筑师艾克特·吉玛设计的巴黎地铁口如今是巴黎的市标

巴黎百年老地铁

香榭丽舍大街的公交车车牌在霓虹灯下等待着路人

法语是法兰西民族的骄傲，还被时代杂志评为世界上最优美的语言，不论评价客观与否，高傲的法国人的英语水平和对英语傲慢的态度世人有目共睹。虽然在服务行业工作的巴黎人均有基础英语对话能力，直接用英语开场依然会让法国人侧目。最礼貌的做法是先来一句 Bonjour，excusez—moi，parlez—vous anglais？（你好，冒昧打扰，请问您是否说英文？）此般文雅的表达定能赢得高冷巴黎人的微笑，并且获得更加贴心友善的服务态度。另外，Bonjour(你好)、Merci(谢谢)、Au Revoir(再见)、S' il vous plaît.(劳驾)都是可以信手拈来的破冰词。黔驴技穷后，谷歌、百度翻译 app 永远是最有效的救命稻草。

最后，请牢记在巴黎畅游时最重要的行为准则：注意人身财产安全！巴黎作为欧洲人口最多的城市之一，公共场所往往鱼龙混杂，加上近年来中东及北非难民增多，大小游行示威频繁爆发，

用法语说我爱你

巴黎博物馆通票

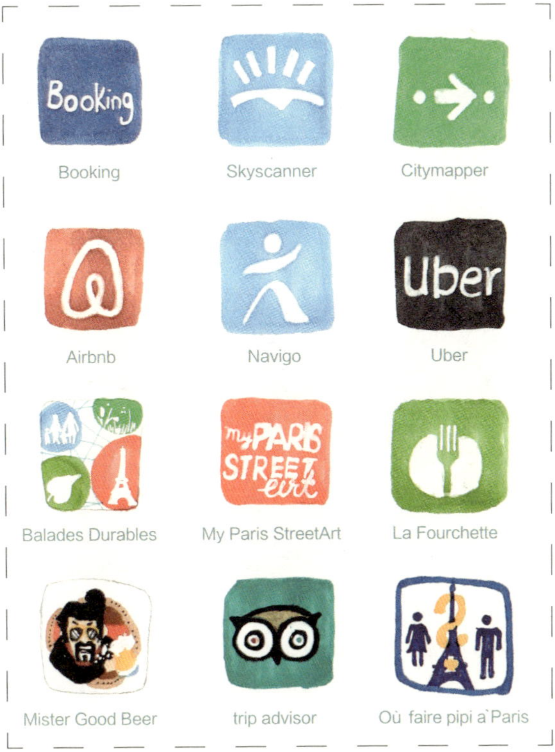

神器在手，像巴黎本地人一样玩转爱城

Montmartre

巴黎街头之所以可爱，多亏了这些无名的美术、音乐、舞蹈家们默默无闻地奉献着，他们用艺术诠释对生命的爱

导致城市治安水平整体下滑。虽然在光天化日下极少有暴力抢劫，但是至少应该在地铁站、广场、街道岔路口护好财物，天黑后在敏感区域结伴出行，坚决不理睬路上任何形式的搭讪或签名筹款。

备好神器，带上一颗柔软、纯粹、好奇的心，踏上这片被爱和艺术浸润的土地，尽情享受浪漫之都无与伦比的魅力吧。

蒙马特的爱墙用 250 种语言说着“我爱你”，还等什么？带上爱，巴黎在等你

Part 2 阿里巴巴的藏宝图

拿破仑领导着法兰西帝国，在十九世纪初以“自由、平等、博爱”之名“解放”了整个封建制的欧洲，掳掠了欧洲各国无数艺术瑰宝，并把路易十四遗弃的寝宫——卢浮宫改建成法兰西帝国第一个艺术博物馆，把战利品统统放了进去。之后，这仅次于大英帝国的世界第二殖民国法兰西的“开拓者们”，也在全球四大洲五大洋以各种手段搜集抢掠艺术人文珍宝，并以贡献给帝国首都艺术馆为傲。久而久之，卢浮宫不仅是法国人民心中的宝库，更是全人类收藏品最多最全、访客量最大、名气最盛的艺术殿堂。她所收藏的艺术品浩瀚无垠，简直就是阿里巴巴的宝库——人类艺术集大成者也。拿好这张藏宝图，一起来这座艺术的宝库里淘一淘让你如痴如醉的珍宝吧！

Tip：迷你袋装卢浮宫历史表

1180年—1202年

国王菲利普·奥古斯特二世在塞纳河北岸筑起一座军事防御堡垒，为日后卢浮宫的宫殿群打下第一块基石。

1370年—1380年

国王查尔斯五世把卢浮宫从一座军事要塞改建为皇室寝宫。

1528年

在国王弗朗索瓦一世的统治下，卢浮宫的……被拆除，改建为卢浮……今日俗称其“四方院……

戎马一生的……拿破仑一世……入卢浮宫，……浮宫就此改……术博物馆”

1852年—1870年

拿破仑三世命人扩建博物馆靠近里沃利大街的北面宫殿，卢浮宫南北两翼从此完全对称，成为第二帝国时期的装饰艺术典型。

1871年

卢浮宫靠近杜乐丽花园一面的宫殿群 —— 杜乐丽宫，在巴黎公社的暴乱中被大火烧毁。

1981年

总统弗朗索瓦·密特朗决定对卢浮宫进行大型整修，实施“伟大卢浮宫”计划。密特朗力求把她打造成全人类的殿堂级艺术博物馆，卢浮宫一跃成为法兰西第五共和国的文化象征。

1984年

美籍华人建筑大师贝聿铭受邀设计修建卢浮宫金字塔。

1989年

卢浮宫金字……样，在一片……新笑柄，但……玻璃塔会赢……

2012年

卢浮宫在法国……分馆正式营业。

2014年—2016年

为了应对日益攀升的客流量，卢浮宫重新布局金字塔塔底的拿破仑大厅，如今成为全球面积最大、功能最齐全的景区接待厅。

2017年

卢浮宫在阿联酋首都阿布扎比的分馆正式营业。

约1580年—1610年

卡特琳娜·美第奇王后和亨利二世国王命人修建卢浮宫小艺术馆，今日成为放置法兰西帝国皇冠的阿波罗厅。并且为了连接杜乐丽宫（已毁），又修建了艺术大长廊，《蒙娜·丽莎》便悬挂于此。

1624年

在国王路易十三的指示下，卢浮宫开始扩建。不仅"四方院"扩大了四倍，而且卢浮宫大门前的杜乐丽花园也被法国史上最伟大的城堡与园林大师勒·诺特重新整修与扩充，越加凸显法国皇室花园的传统风格，并完美地与卢浮宫融为一体。

793年

皇帝
统摆
，卢
家艺

约1750年

废弃的皇室寝宫逐渐变成法国艺术家和学者们的作品评选和颁奖地。文艺沙龙也常在此举办。她渐渐成为法国最具威望的文艺指向标。

1684年

"太阳王"路易十四厌恶市侩嘈杂的巴黎市中心，决定移居巴黎近郊的凡尔赛宫。卢浮宫从此逐渐失去皇室宫殿的作用。

菲尔铁塔一
为法国人的
刚硬简约的
的正中央。

1993年

法国财务部从卢浮宫北翼迁走。就此卢浮宫所有场馆均成为博物馆。

1999年

卢浮宫开放海外藏品馆。

2008年

意大利建筑大师马里奥·贝利尼为卢浮宫修建伊斯兰馆。

2006年

为合理摆放《蒙娜·丽莎》，卢浮宫在艺术大长廊侧门修建国家厅。不仅给《蒙娜·丽莎》安装了两块防弹玻璃，还为她专门设置了6位专职安防人员。

卢浮宫·负一层

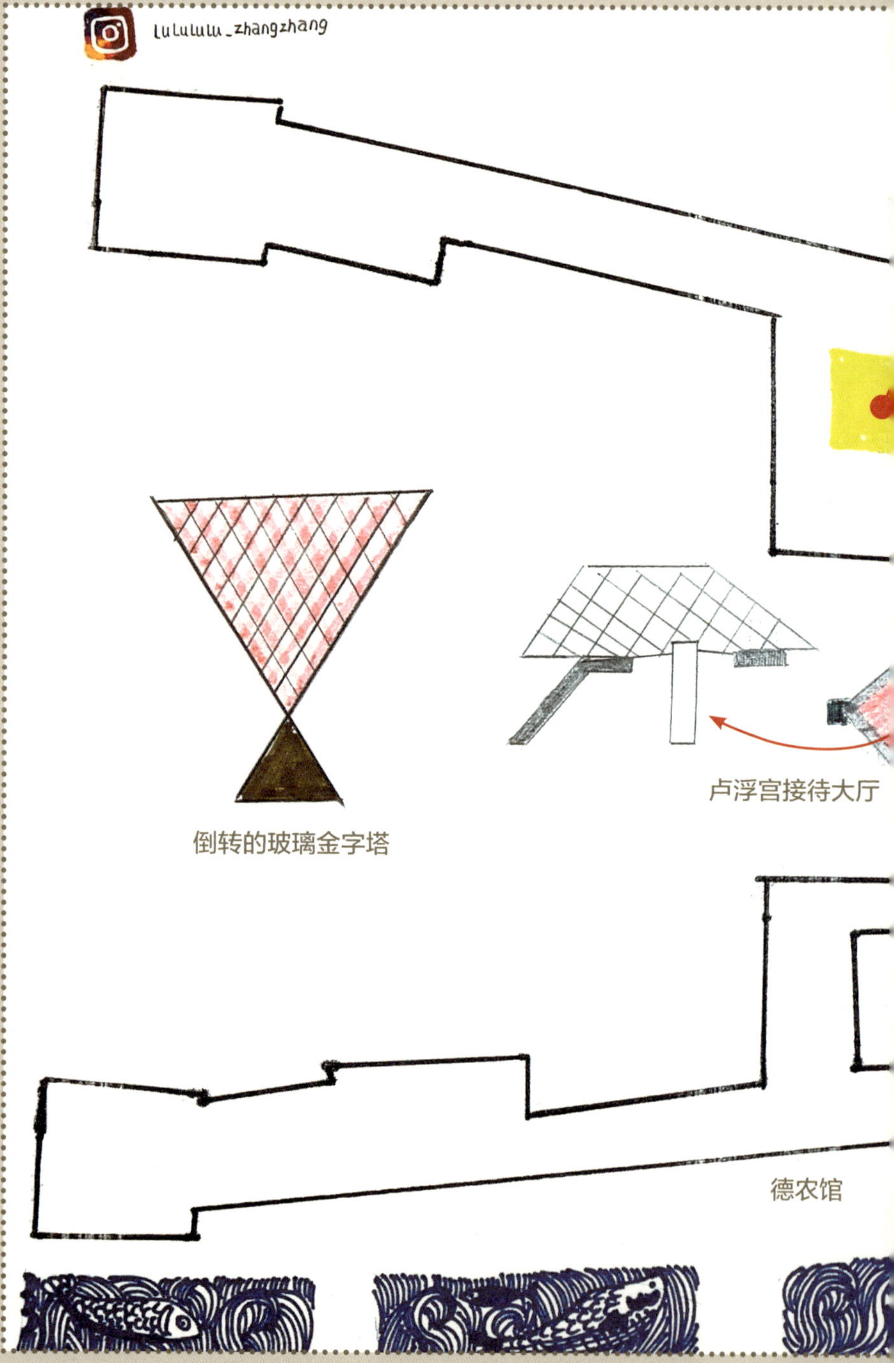

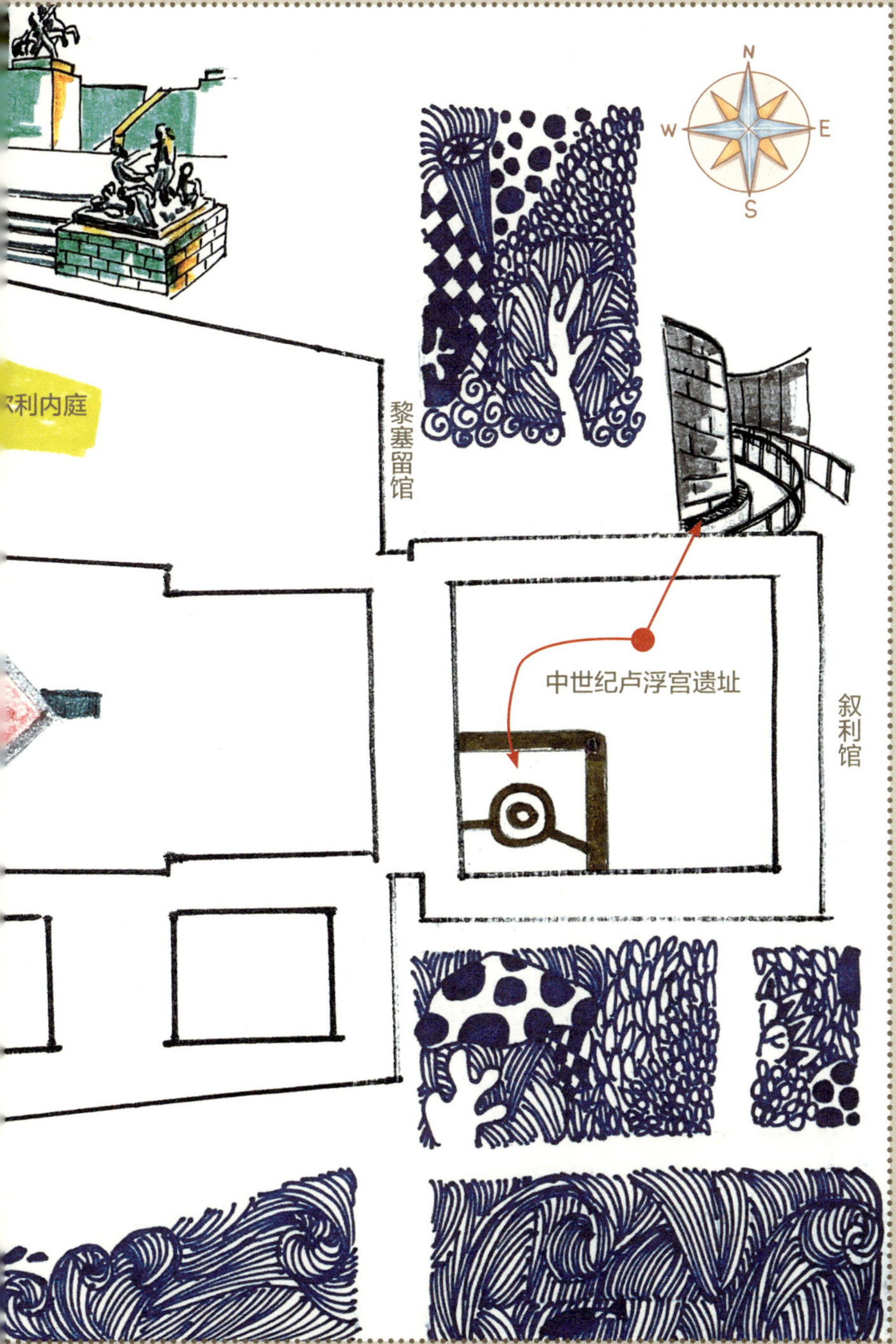
N
W
E
S
利内庭
黎塞留馆
中世纪卢浮宫遗址
叙利馆

卢浮宫·一层

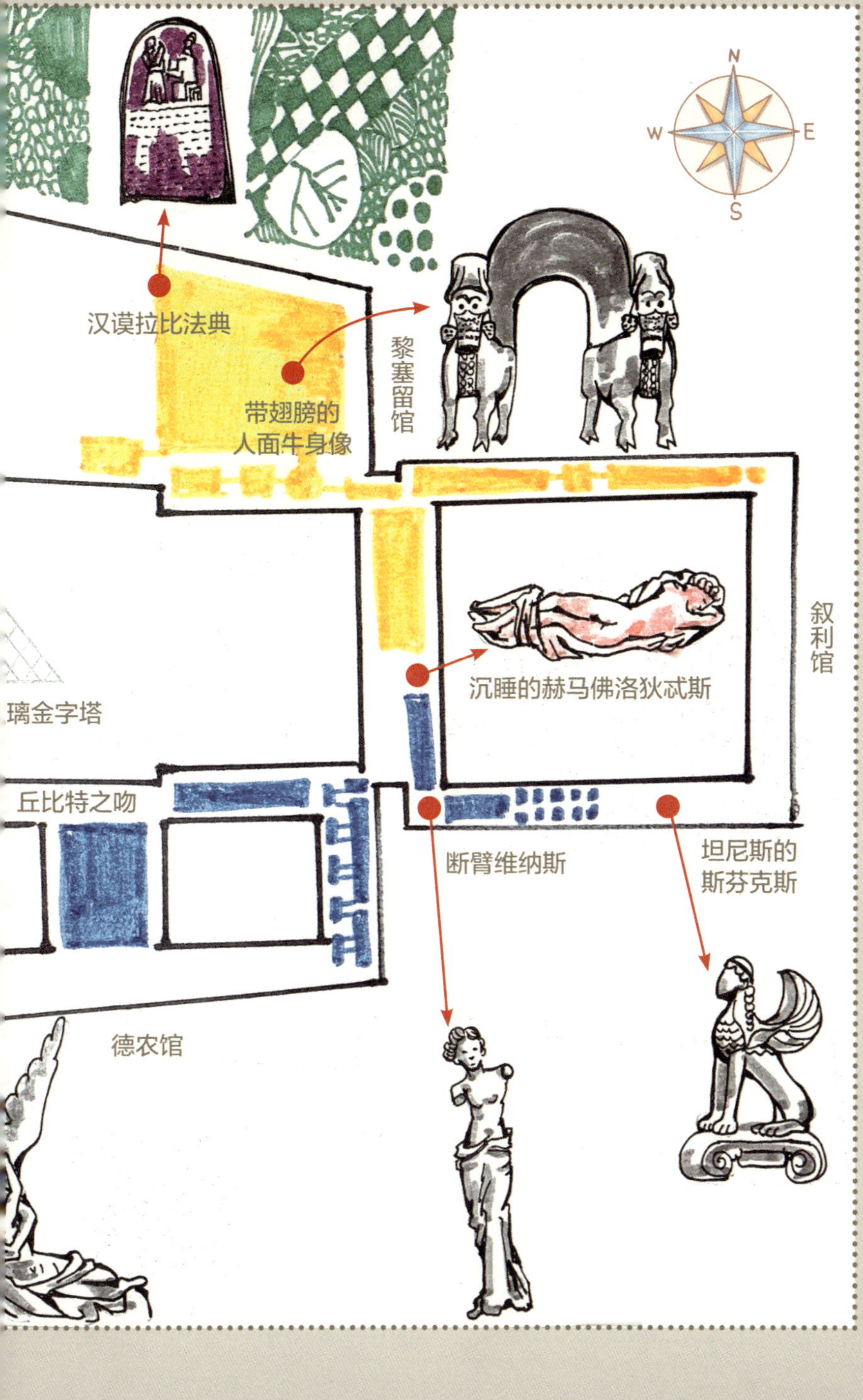

N
W
E
S
汉谟拉比法典
带翅膀的
人面牛身像
黎塞留馆
叙利馆
沉睡的赫马佛洛狄忒斯
璃金字塔
丘比特之吻
断臂维纳斯
坦尼斯的
斯芬克斯
德农馆

卢浮宫·二层

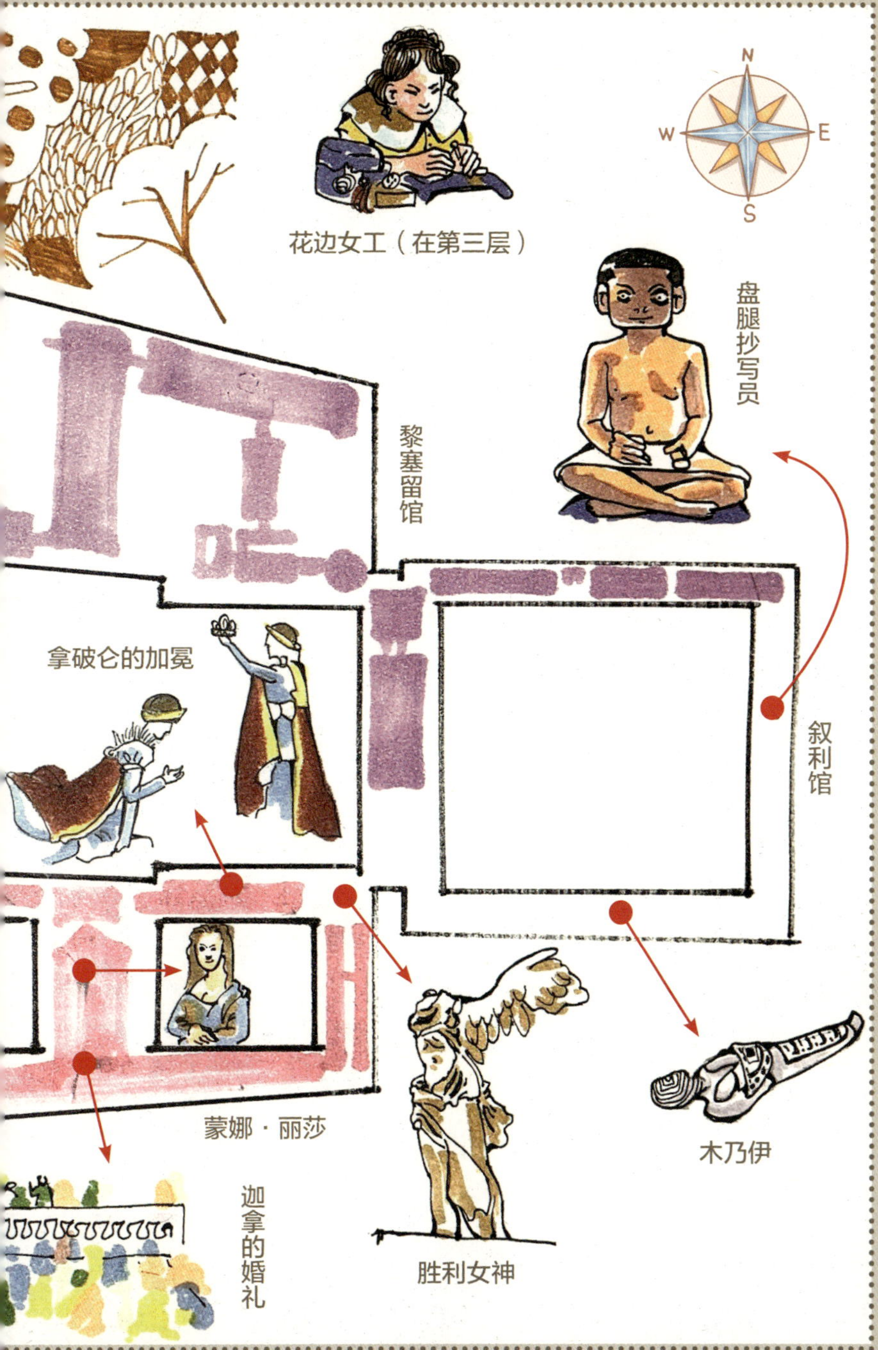
N
W
E
S
花边女工（在第三层）
盘腿抄写员
黎塞留馆
拿破仑的加冕
叙利馆
蒙娜·丽莎
木乃伊
迦拿的婚礼
胜利女神

1 专业人士的内部攻略

有人说如果在卢浮宫每一件作品前停留一分钟，将花费 30 年才能看遍整个博物馆。无论这句话是浮华的吹嘘还是浪漫的感叹，其馆内藏品数量之多绝不容小觑。因此在游览前，有必要了解基本信息并做好攻略，以便在即使短暂的游览时间内，也能迅速把握她的精髓。

卢浮宫玻璃金字塔正下方拿破仑大厅是进入卢浮宫三个展览馆的接待前厅，这里不仅有咨询台、售票处、寄存处、语音导览器租借台和服务中心，并且在每个自动扶梯后都设有手机充电处。Wifi—Louvre 无需密码可免费连接，但基本只有在拿破仑大厅能接到信号。卢浮宫内部有四个咖啡厅（兼餐馆），其中安吉丽娜米其林星级餐厅与磨坊咖啡厅分别坐落在卢浮宫内南北两翼的屋顶露台上，此处可俯视整个金字塔广场和杜乐丽花园，无疑是进餐休憩的好地方。宫外广场北翼还坐落着一个马尔利咖啡

在安吉丽娜餐厅的露台上用餐可以俯视整个金字塔广场和杜乐丽花园

馆，可通过其玻璃窗俯视卢浮宫马尔利内庭，景色出众。卢浮宫唯一一家较为亲民的餐馆 Le Louvre 共分两处，分别在接待大厅的北翼咨询台后方和黎塞留馆入口左侧，较为隐蔽。最后，在卢浮宫出口的商业大厅 Carrousel 中有众多世界各地的快餐型美食，但如果想打道回府继续参观博物馆，需再次排队入场。自己携带的食物只可在金字塔下方的接待大厅里使用。

入展馆后只能饮用矿泉水，任何饮料、食物都请提前寄存。卢浮宫对摄像、摄影不加干预，访客可以拍摄所有展出的艺术品（临时展品除外），但请勿使用闪光灯。出于尊重，请不要对工作人员拍照。另外，卢浮宫这两年加强安保防范，在巴黎巡逻的持枪哨兵队会时常进入卢浮宫执行巡逻任务。切记：千万不要对执勤军人拍照，否则会引起严重法律纠纷。入馆后不要奔跑，不要大声喧哗，不要触摸作品，这类国际通用的准则无需多言。

令人遗憾的是，卢浮宫的语音导览器在本书出版之际依然没有中文以供选择，这点一直受到中国游客的诟病，认为卢浮宫高冷不近人情。其实不然，中文是卢浮宫在法文、英文、西班牙文后第四门最常用的官方语言，在馆内指示牌、接待处、地图册上都能看见中文标识。中国游客是除美国游客之外，卢浮宫最大的国际游客群体，其重要性自然不容忽视。然而，语音导览器租借服务早在几年前就被日本任天堂公司所外包，所以并非属于卢浮宫本身的服务项目，管理层无权插手。如果其他外包服务商在下一季竞标时得标，才有可能出现中文导览器。如何在卢浮宫浩瀚无垠的艺术海洋里理清一些思路？除本书之外，还可提前在手机中下载“口袋导游”等讲解型应用来获取中文语音导览，或者在卢浮宫官方书店购买中文版名作指南来获得展品概况等，都是不错的辅助方式。

为提升整体游览体验，本书强烈建议读者错开法国节假日高峰期。总体而言，最佳游览时间段为周三与周五晚 18：00—21：30，夜游卢浮宫不仅可以错开白天喧杂的人群，而且别有一番风味。在巴黎夜幕和绚烂灯光的笼罩下，玻璃金字塔金碧辉煌，馆内雕塑也似乎都蒙上了一层神秘而动感的色彩——它们的衣褶和肌肤纹理在聚光灯的照射下更加灵动，好似突然活了起来。

最后，请在参观途中保管好私人财物，手机、钱包一定贴身内袋放好，尤其是在人头攒动的著名作品前，最容易发生盗窃事故。如果在游览过程中丢失个人财物或者发现亲友走失，请立即前往接待大厅的服务中心，此处有精通各国语言的卢浮宫前台接待，他们必将全程协助。另外，也可在此免费租借轮椅、儿童手推车以及获取中文版地图，甚至还可对博物馆工作人员的服务进行投诉。

卢浮宫三大馆区之一叙利馆入口

卢浮宫的基本信息

地址：1 Rue de Rivoli, 75001 Paris

交通：地铁 1 或 7 号线，Palais—Royal—musée du Louvre 站

电话：+ 33 （0）1 40 20 53 17

中文官方网址：https://www.louvre.fr/zh

开馆时间

除周二外，卢浮宫每天开放。周一、四、六、日：9 点至 18 点，各展厅 17 点 30 分开始清场；周三、五：9 点至 21 点 45 分，各展厅 21 点 30 分开始清场

闭馆时间

每周二和 1 月 1 号、5 月 1 号、12 月 25 号

门票

15 欧元，仅限当日使用，不限进出次数

Tip：可凭卢浮宫门票在购票当日和翌日参观隶属于卢浮宫的“德拉克洛瓦博物馆”。

免费参观时间段

每周五 18 点后，在出示有效身份证件的情况下，卢浮宫对 26 周岁以下的游客免费开放（国籍不限）；每月的第一个周日，博物馆对所有游客免费开放（3—10 月旺季除外）

免票人群

18 岁以下的未成年人；18 至 25 周岁（含 25 周岁）欧盟公民或持有欧盟长居卡的居民；教授艺术专业的大学老师（需出示相关证明和法语翻译）；国家级艺术家（需出示相关证明和法语翻译）；残疾人及其陪同人员

入口

卢浮宫共有四处入口，除了主要的金字塔入口外还有卢浮宫 Carrousel 商场入口、黎塞留通道入口和狮子门入口三处。几年前，黎塞留通道和狮子门这两个小入口也供散客出入，成为大幅度减少排队时间的“秘密通道”。但是近几年安保增强，这两个小入口如今只允许支付额外金额的 Vip 旅游团和儿童工作坊团队使用。散客和普通旅游团目前只能从金字塔和 Carrousel 商场入馆。

安检

2015 年 9 月巴黎发生恐怖袭击之后，全法国的公共场所都对游览者的身份加强警戒。而因卢浮宫每年接待近 1000 万游客，确保游客安全成为其重中之重。因此入口安检非常严格，所有的刀械器具、玻璃酒瓶均会被暂扣（在游览结束后可以取回），并且携带行李不可以超过飞机手提行李的大小，否则将被拒绝入馆。

免排队方式

在旅游旺季游览卢浮宫，需要做好一至两小时排队等候的心理准备。最佳节约时间的方法是在卢浮宫中文官网（https://www.louvre.fr/zh）上注册私人账号，选择入馆日期与时间，支付十七欧，以此购买网络实名票。此电子票无需打印，虽比普通实体票贵两欧，但可在上述两个散客入口使用 [网络票专属通道] 直接手机扫码入馆，快至秒入，慢则不超五分钟，可以大幅度节约时间成本。此票不可退、不可换、不可转让、仅限当日使用、不限进出次数。

门口大排长龙是卢浮宫的一大特色

卢浮宫的接待大厅是全球最大的、功能最齐全的景点接待厅

卢浮宫中文官网首页

Tip:

卢浮宫没有和任何第三方机构签订特殊优惠协议，请谨慎购买其他非官方交易平台上的门票。

有意思的是，卢浮宫上万平方米墙面上唯一一处镌刻着博物馆名字的地方又小又隐蔽

为了使博物馆名字更加突出，卢浮宫于 2017 年在金字塔入口处安装了一个小型牌匾

卢浮宫四方院夜景

2 史上最袖珍的卢浮宫小百科

法国卢浮宫博物馆、英国大英博物馆、美国大都会博物馆、俄罗斯冬宫博物馆、意大利梵蒂冈博物馆和中国故宫博物院并称世界上最知名的六大博物馆，其中卢浮宫以它展览区域面积之广、展品种类与数量之多、访客量之高、知名度之大，在世界博物馆中脱颖而出，独占鳌头，不仅是法国人引以为傲的艺术殿堂，也是世人趋之若鹜、无比神往的地标。

卢浮宫博物馆位于法国巴黎市中心的塞纳河北岸。始建于1180年，原是法国皇宫，居住过50位法国国王、王后及其子嗣。1793年8月10日，拿破仑赐其名“法兰西国家艺术博物馆”，至此卢浮宫从法国皇室的私人寝宫晋升成为世界人民的艺术殿堂。她的馆藏从此不断丰盈，时至今日共藏有 50 多万件来自世界各地的艺术珍宝，并根据其来源地和种类设置了九个馆藏分支：中东馆、古埃及馆、古希腊罗马馆、伊斯兰馆、非洲亚洲大洋洲与美洲馆、西洋雕塑馆、西洋绘画馆、西洋工艺品馆及素描图纸馆。众所周知的镇宫三宝分别是“断臂维纳斯”“胜利女神”与“蒙娜·丽莎”。

卢浮宫由三个展览区域所组成，
每个馆藏区又分四层：

黎塞留馆区

中东考古文物；法国雕塑；14 世纪至 17 世纪法国油画；德国、尼德兰和佛兰德斯油画；其他绘画和形象艺术。

叙利馆区

古埃及文物；中东文物；古希腊、伊特鲁里亚、古罗马文物及雕塑。

德农馆区

古希腊、伊特鲁里亚、古罗马雕塑；17 世纪至 19 世纪的法国油画；意大利及西班牙油画；伊斯兰考古文物；其他海外藏品。

虽然卢浮宫的瑰宝无穷无尽，但她的藏品目录停止于 1845 年。如果想欣赏偏执又童真的梵·高、隐遁于睡莲池畔的莫奈、《月亮和六便士》的原型高更、艺术的代名词毕加索或者其他现当代流派的艺术作品，卢浮宫均无法满足，得去橘园美术馆、奥赛博物馆和蓬皮杜艺术中心寻找心之所爱。另外，卢浮宫收藏的中国文物少之又少，被展出的作品基本为零，在吉美博物馆、切尔努斯基博物馆、布朗利博物馆、枫丹白露宫和凡尔赛宫可找到祖国文物的踪影。

Tip: 数字一番卢浮宫

卢浮宫总体

宫体墙面共长 3060 米

内部展览馆和展览回廊共计 14.5 公里

共设有 10000 级台阶

摆放绘画作品最多的艺术大长廊长 264 米

12 组巴洛克式皇家楼梯，70 个自动扶梯和升降机

包含 403 间房间、198 个展览大厅、22 个历史文物库

卢浮宫金字塔

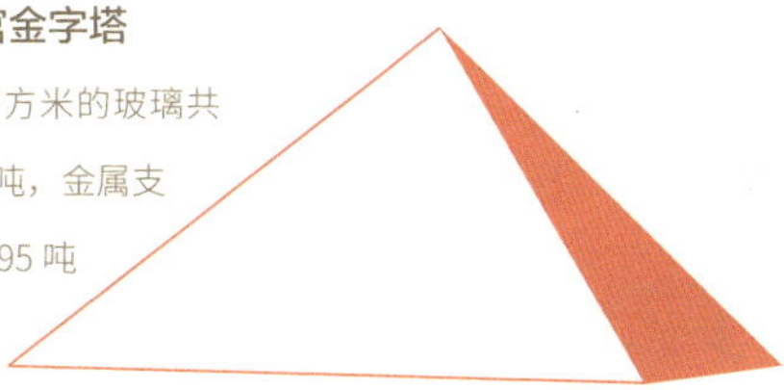

2000 平方米的玻璃共重 105 吨，金属支架另重 95 吨

高 21.65 米

单面长 30 米

673 块菱形和三角形的玻璃

卢浮宫馆藏

截至目前共收有 554731 件艺术作品

毫无疑问摘下世界博物馆收藏桂冠。在充分利用全球最大的博物馆展览面积 72735 M^2

只有 35042 件艺术作品得以展出，可见被展出作品量还不及其地库中的 1/10。

卢浮宫客流量

日平均访客量 30000—50000，

1993 年 接收 4918000 访客

2006 年 接收 8314000 访客

2019 年 接收 9200000 访客

中国访客占 15%

法国访客占 25%

国际访客占 75%

每位访客平均游览时长为 2 小时 41 分钟

全馆共有 2398 名员工

地库巨大无比，大大超出其地表范围，迷宫般的走道交错复杂，约为巴黎整体面积的 1/25

坚守于 45 个不同的岗位

82 位消防员全年无休

24×7 轮班驻扎在卢浮宫地库，以防突发起火。

卢浮宫内部绘画作品修复部

3

人类顶级艺术殿堂的前世今生

法国著名艺术批评家让·科梓里乌教授曾如此赞叹过："卢浮宫是个有普世情怀的活着的博物馆。"如何理解这两个意味深长的形容词？"有普世情怀的"是指卢浮宫以"艺术民主化"的原则出发，不断丰富完善背景不同的异域藏品，不纯以市场价格定位藏品价值，尽可能吸引更多元化的受众族群，以此来展示卢浮宫的现世价值观。"活着的"则是指卢浮宫博物馆本身便是一部浩浩荡荡的艺术史杰作。

确实如此，卢浮宫的前世命途多舛，她本是一座中世纪护城的军事塔楼，饱受战火蹂躏。后被查尔斯五世改建为城堡，后又晋升为皇室寝宫。可遭太阳王路易十四世的遗弃，没落于酒鬼文豪之手。但拿破仑三世对她器重有加，在卢浮宫北翼新建了私人套房，气魄不输于宫中之最凡尔赛。正当她辉煌再起之时，厄运又悄无声息地降临，她的西大门杜乐丽宫在一夜之间被巴黎公社的革命者付之一炬，让她从此变成了世界上唯一一座没有大门的宫殿。斗转星移，密特朗总统顺水推舟，把她改造成一个没有大门的以博爱之心迎接访客的开放型博物馆，并邀请贝聿铭在她的庭院里打造出法国当今的地标建筑——玻璃金字塔，竣工后却因为与卢浮宫原本的建筑风格相去甚远，成为因循守旧的法国人的笑柄。卢浮宫时任馆长懊恼不已："让我们用卢浮宫的普世情怀感化这群冥顽不灵的家伙。把那群布满鸟粪，被人遗

法国著名建筑师维斯孔蒂向拿破仑三世和皇后欧仁妮展示卢浮宫扩建计划草案

巴洛克式女像柱落地灯

通向寝宫的幽深拱廊

弃街头的马尔利园林雕像统统清理干净，搬入宫内，给他们遮风挡雨。”于是，贝聿铭利用修建玻璃金字塔的剩余材料给卢浮宫北边内院搭建了一个玻璃天顶，如今成为举世闻名的马尔利内庭。在阳光的照耀下，庭院中郁郁葱葱，树叶间斑驳陆离的倒影投射在这群大理石雕塑花白的肌肤上，让人身临其境，好似又回到了这群雕塑原本的家。然而所有人都没有想到，卢浮宫的普世情怀不鸣则已，一鸣惊人，她不止于保护遗弃艺术品，而且放言要让“艺术拯救经济”。她与日本建筑团队通力合作，在煤矿上建造卢浮宫朗斯分馆，从此络绎不绝的游客带动了当地产业链，复苏了这个法国矿业小镇日益衰败的经济。石油大国阿联酋对此赞不绝口，盼望着把她搬进自己的国土，在与法国签约后的第十个年头，漂在波斯湾上的卢浮宫阿布扎比分馆正式落成。看来，前世多舛的卢浮宫今生可谓春风得意，因为她已经不再只是一个具有普世情怀的、活着的“博物馆”了，已然越位成为一个品牌、一种文化、一部永远写着待续的历史。

讲述古罗马神话故事的门楣

继承古希腊风的柯林斯柱头

代表希腊建筑文明的女像柱

01/ 中世纪卢浮宫遗址

卢浮宫自 1793 年建馆以来一直以世上最出名的艺术馆自居。但它在成为一个对公众开放的展览馆之前，还有一段更加漫长的历史。中世纪卢浮宫遗址是卢浮宫博物馆目前最主要的展览厅之一，也是参观者从叙利馆入口进入卢浮宫后的第一个展厅。这里是卢浮宫军事古堡唯一遗存下来的中世纪城墙建筑，曾位于卢浮宫古堡的中心低洼地带，靠近北墙和东墙。

1180 年法国国王菲利普·奥古斯特二世决定修建卢浮宫时并不是将其作为国王和后宫的栖身之所，只是作为保护巴黎城的防御工事，用于抵御从塞纳河南面入侵的外敌。巴黎城在中世纪时占地规模非常小，仅止于塞

纳河北部区域。卢浮宫也鲜为人知。遗址大厅的整体装饰朴实无华却有出人意料的小细节——大厅内柱头上典雅的叶饰，墙垛的拱顶石上也附着扮着鬼脸的小石雕。这间不见天日的厅室，过去是通过墙头上凿出的小型窗户采光，如今已经全部封死。坚实的堡垒外形方方正正，中心建有巨型圆柱形主塔，塔高 30 米、宽 15 米，曾用作军火库，如今已被拆迁。1527 年，这座堡垒已经完全失去军事要塞的作用，国王弗朗索瓦一世次年下令将其拆除，如今只剩下这座中世纪巨塔的地基。但是它的拆除给卢浮宫日后的扩建铺平了道路，开始了卢浮宫作为皇家宫殿的文艺复兴之旅。

在 2016 年彻底翻新后，遗址尽头设有一个卢浮宫博物馆的互动模型。它把卢浮宫和杜乐丽花园以 1:5000 的比例重现出来，并且可以通过按钮与其互动，更直观地展示出卢浮宫宏大的建筑概貌和馆藏分布。

主塔的地基部分如今依然保存完善

卢浮宫新修了走道方便游客围塔环绕

主塔上半部已经夷平，不复存在，如今卢浮宫后院广场处于其正上方

帝国宴会厅

02/ 拿破仑三世套房

这组大型公寓位于卢浮宫的黎塞留馆，它多次易主，却依旧完好无损，保持着最初的模样，毫无疑问是法兰西第二帝国时期装饰艺术的巅峰代表。自二战后一直被法国财政部所觊觎，成为部长的私人办公室与宴会厅。在卢浮宫与财政部多次磋商之后，终于在 1993 年成功把它纳入博物馆。

拿破仑三世在位 22 年，最后落得个普鲁士战俘的下场，导致法兰西第二帝国直接覆亡，声名远不如他的叔叔拿破仑一世，可他对艺术的品味和追求并不亚于他的叔叔。他曾想恢复叔叔在位时期法兰西第一帝国的名誉和气魄，也想要恢复波旁王朝路易十四时期法国的财富。他的皇后欧仁妮也是巴洛克和洛可可艺术忠实的追随者。拿破仑三世在卢浮宫的套房便在这种复苏帝国荣光的背景下横空出世，其装饰和布局充分地反映出法兰西第二帝国的艺术特色——折衷主义。在西方艺术史中，折衷主义意指不拘于某一时代的艺术风格，挪借多种视觉资源进行创作的艺术倾向。拿破仑三世套房正是如此，它融汇了不同时代的艺术风格——其装饰从古希腊罗马建筑中得到启迪，其布局从新古典主义和文艺复兴中获得灵感。

套房的会客大厅尤其体现了这一时期室内装饰风格特征：天花板上绘有查尔斯·拉斐尔·马雷萨勒描绘拿破仑三世搬入卢浮宫的大型场景画；奢华的灰泥装饰由法国著名设计师特兰尚设计；而镀金盥洗室和吊顶水晶灯则是折衷主义最完美的表现。大客厅里到处都是绣着君王名字缩写“N”的天鹅绒沙发，镶金椅和冒失凳（可背靠背容纳3人，方便贵妇交头接耳，传播谣言的圆形凳）。抬头仰视天顶，马雷萨嘞画笔下的天空奇光异彩，软如丝绸的小爱神石雕贯穿其中。套房的每一面墙都悬挂着见证了卢浮宫崛起的法国君王们的油画像，例如凯瑟琳·美第奇和亨利二世的画像就挂在可以远眺已烧毁的杜乐丽宫和杜乐丽花园的窗户旁，这曾是他们亲力亲为督促工人建起来的家，如此悬挂方式非常耐人寻味。大客厅北墙上方，嵌着一个低调奢华的小露台，这是音乐家弹琴奏乐的地方。当年，皇亲国戚们跳起优雅的华尔兹时，这便是他们的私人点唱机，巧妙的位置既能让音乐回响在整个大厅，又不占用大客厅任何会客面积。离开这间华丽的会客厅，映入眼帘的是一所较为低调但同样装饰精巧的房厅，它有时用作戏剧彩排，拿破仑三世和他的皇后欧仁妮的肖像也悬挂于此。再往里走，便是法国人引以为傲的帝国宴会厅，厅堂内摆放着一张能容纳40人的巨型餐桌，各色镶金铜制烛台和碟架点缀其间。天顶画映衬主题，绘着众鸟鸣乐，喜迎艳阳天的欢乐景象。此情此景使人迅速联想到当年王公贵族在此觥筹交错、饕餮盛宴的场面，怪不得法国《费加罗报》曾感叹，这间套房里弥留着帝国的记忆！

会客大厅

套房的细节体现了法国折衷主义的艺术特征，并且带有远东文化色彩

曾经被世人嘲讽的金字塔如今则成为法国的艺术文化象征

金字塔下经常会出现小惊喜，这个小情侣间是 Airbnb 和卢浮宫的合作

七个三角形喷水池与金字塔汇成对称的几何图形

倒金字塔位于卢浮宫出口——Caroussel 商场内部

03/ 玻璃金字塔

20 世纪 80 年代，为了更好地迎接日益增长的国际游客，法国政府决定实施“伟大卢浮宫”计划，打算彻底翻新博物馆的设施，改善它的布局。在这样的背景下，1984 年美籍华裔建筑师贝聿铭受邀为卢浮宫设计一个具有现代意义的大门和接待大厅。他的玻璃金字塔方案以 13 票赞成两票反对的决定性优势获得评委会的高度认可。

这座由玻璃和金属架组成的金字塔，不仅可以折射出巴黎不断变化的天空，还能为塔下卢浮宫的接待大厅提供良好的采光，创造性地解决了把古老宫殿改造成现代化美术馆的一系列难题，取得了极大成功，享誉全球。在 932 平方米的四方形基地上架起的高为 21 米的金字塔，气势磅礴，它的四个侧面由 603 块菱形和 70 个等边三角形玻璃拼接而成。塔身总重 200 吨，其中玻璃净重 105 吨，金属支架重 95 吨，换而言之，支架的负荷超过了它自身的重量，它不仅是代表现代艺术风格的佳作，也是现代科学技术的结晶。在这座大型玻璃金字塔的南北东三面，还有3座5米高的小玻璃金字塔作点缀，它们与7个三角形喷水池汇成对称的几何图形，美轮美奂。

玻璃金字塔建造初期引起极大争议，更有高达九成巴黎市民反对这项工程，民众普遍认为设计师贝聿铭的创意过于前卫，并不适合建造在充满古典气息的卢浮宫内。大批民众写请愿书要求撤销这项工程，但最终卢浮宫还是顶住了压力，玻璃金字塔最终建成。如今人们不但不再指责它，并赞美道："卢浮宫厅院内飞来了一颗巨大的宝石"。不仅如此，它还逐渐成了卢浮宫博物馆的招牌，法国当代艺术的象征符号。电影《达·芬奇密码》里的一句经典台词完美地概括了它今日的地位："艺术就在这个晶莹剔透的金字塔里，在繁星闪烁的天空下，终于得到了安息。"

金字塔前的路易十四戎马像处于巴黎天际中轴线上

艺术就在这个晶莹剔透的金字塔里，在巴黎繁星闪烁的天空下，终于得到了安息

金字塔结构细节

Tip:

卢浮宫金字塔、协和广场的埃及方尖碑、香榭丽舍大道、凯旋门和拉德芳斯新凯旋门形成一条巴黎巨型中轴线。按照设计之初的构想，它们本应全部坐落在这条完美的直线上，以便从高空俯视这座皇城时更加壮观规整。但是很少有人知道，卢浮宫金字塔由于运算偏差，导致它与凯旋门之间相互偏离了肉眼分辨不出来的六度。完美主义的城市工程师们为了弥补这个缺憾，把法国太阳王路易十四的雕像屹立在金字塔旁，它的位置则完完全全处在这条笔直的中轴线上。太阳王一身戎装，英姿飒爽。他手握缰绳，威风凛凛地驾驭着嘶鸣的战马。站在这尊雕像前，可以清楚地眺望到十公里之外的巴黎凯旋门。

在贝聿铭设计的玻璃天顶下，历经 4 个世纪的辗转与沧桑，这群“无家可归”的雕塑终于找到了一个完美的新家

04/ 马尔利内庭

卢浮宫的雕塑库中共计藏有 6000 多件艺术作品。在超过 8500 平方米的 67 个雕塑展厅里，向公众展出其中的 2000 多件。由于卢浮宫地势优越，采光充足，使得雕塑藏品的呈现效果非常理想，尤其是建有玻璃天顶遮风避雨的马尔利内庭，如今它成为卢浮宫唯一一处公关展示部——当路人穿过里沃利大街的黎塞留通道时，无需购票入馆也能透过巨大的玻璃落地窗俯视马尔利内庭全景，一饱眼福。

庭院中摆设着一群来自 17 世纪巴黎近郊马尔利城堡园林中的大理石雕像，体态丰盈，动感十足，是法国文艺复兴时期杰出艺术品。无论是战马、丛林女神、还是象征河流与四季的拟人雕塑都透露出法兰西在太阳王路易十四统治下的强盛国力。虽然这群雕塑最终在卢浮宫巨型玻璃穹顶下找到了它们的归宿，但它们曾在法国大革命期间饱受内战蹂躏，因为革命党曾试图销毁一切和帝国有关的艺术品。为了保护这批作品，国王要求把它们从巴黎郊区搬往市中心的杜乐丽花园和香榭丽舍大道，以便更好地管控。但是王室很快发现，即使可以防止它们不再受到人为破坏，但也无法防止它们在室外被大自然慢慢侵蚀。1870 年，卢浮宫决定把它们全部搬入宫内，并修复其破损部位，还原这群代表法兰西最高艺术水准的雕塑作品在全盛时期的模样，并加以全方位的保护。

为了充分再现这群来自马尔利城堡园林的雕塑群背景，也为了最大限度地利用卢浮宫内部露天庭院的采光效果，1993 年，为卢浮宫设计玻璃金字塔的贝聿铭先生联手法国建筑师米歇尔・麦卡里，用金字塔的剩余玻璃材料为卢浮宫北部庭院覆盖玻璃天顶，玻璃块将光线折射得斑驳陆离，使人联想到当年马尔利城堡园林中的树荫。他们还设计了一系列的四级台阶，并使这群雕塑在各个台阶中错落开来，让观赏者可 360 度观赏到它们的全貌。最后，设计者在庭院内特意种植了一些当年马尔利城堡中特有的榕树，好让树丛陪伴这群“恋家”的雕塑。如此一来，这批暂放在作品修复部的雕塑最终搬往了为它们量身打造的“马尔利内庭”，历经 4 个世纪的辗转与沧桑，它们终于找到了一个完美的新家。

可以在庭院里小憩一番，沐浴在穿过玻璃天花板的阳光里，坐在皇家宫苑的长椅上，感受卢浮宫宁静祥和的另一面。

卢浮宫夜游的特别灯光效果在马尔利内庭体现得最为突出，灯光让雕塑的体积、线条和质感尤为凸显

马尔利战马

05/ 屹立在煤矿上的博物馆——卢浮宫朗斯分馆

近年来，卢浮宫每年的游览人数均突破 855 万人次。法国文化部为疏散过于集中的人流及解决展览空间不足的问题，在 2003 年开始着手卢浮宫分馆的筹划，最终选定在具有 200 年矿业历史的工业城“朗斯”建立分馆，该馆于 2012 年 12 月 4 日正式营业。

Tip:

营业时间：
10：00—18：00（9 月至翌年 6 月间每月第一个周五开放至 22：00，周二及 5 月 1 日休馆）
花园开放时间：
7：00—21：00（5 月 15 日—9 月 15 日），8：00—19：00（9 月 16 日—5 月 14 日）
地址：99 Rue Paul Bert 62300 Lens, France
电话：+33（0）3 2118 6262
网址：http://www.louvrelens.fr

筑师在花园中刻意留存的煤渣堆，迅速地令人串联起朗斯小镇的矿业历史

位于北加莱省人口仅3.6万人的没落矿业城镇朗斯，曾是个富裕的地方。但由于近年来欧盟对于碳排放量控制严格，此地的煤矿企业悉数关闭，导致了以采矿业为经济命脉的朗斯陷入财政危机。好在它地理位置优越，正处于法国巴黎、英国伦敦和比利时布鲁塞尔的三角中心带，所以总能吸引到各地的游客前来参观。卢浮宫分馆的设立无疑替朗斯增添了文化气息，改变了旧矿区的形象。时任馆长罗荷特曾表示："卢浮宫必须走向文化较为缺乏的地区，而朗斯正是我们想扩展的目标。"

朗斯分馆是法国史上首度由女性建筑师操刀的大型公共建筑——由妹岛和世所领导的日本SANAA建筑设计事务所独挑大梁，担此重任。分馆的建筑巧夺天工，充分展现妹岛和世的女权主义思想。鸟瞰全景，分馆由四个矩形和一个大正方形以略为曲折的角度连为一体，像极了一个现代化的集装箱，用钢和玻璃作为主材质，把这个集装箱变得更加人性化。为保持展馆的开放性，建筑群被拆解成数个空间。长达360米的玻璃墙耐人寻味，表面上看刚硬平直，但实际上带有微妙的曲线弧度，恰恰是为避免过度僵化的直线条，妹岛和世的团队通过不同角度之间的衔接和转折，创造出更加自由的弧线形空间。这样的设计理念，不仅保证了空间本身的美感，还在空间上缔造了艺术品之间的和谐感。玻璃材质的展厅通透明亮，当人们步入这个宽敞的空间内，整间展厅的艺术作品都能一览无余地浮现眼前。自然光透过屋顶上的百叶板滤进室内，在铝质墙壁上营造出柔和的反射效果，确实是建筑史上的一大突破，也为百年卢浮宫增添了一股青春的活力。展厅内墙选用类似金属的银白色雾面板，当人们的目光与之接触，仿佛墙体作为边界的分隔元素彻底消失，它既完成了空间上的拓展，又消融了如镜面反射般的迷失。这种介于虚实和有无之间的设计让整个朗斯分馆映射出妹岛和世自带的当代日本建筑风格。另外，从博物馆的玻璃帷幕望出去，时不时能发现建筑师在花园中刻意留存的煤渣堆，它们迅速地令人串联起朗斯小镇的矿业历史，妹岛和世设计思维之敏捷，真叫人刮目相看。

长达 360 米的玻璃墙，表面上看刚硬平直，但实际上带有微妙的曲线弧度

走入朗斯的卢浮宫就像步入时光穿梭机，它把 6000 年文化悉数展示在游客面前

这所分馆根据历史时间与主题，把 6000 年来不同地域文化艺术品并列展示，将世界文化荟萃一堂。例如，古希腊死神雕塑、古埃及木乃伊与中国皇室随葬品同柜展出，展柜上还贴着一段策展人关于“灵魂”的反思，不同的文化体之间从而形成对话，发生碰撞，擦出火花，此等布展模式不仅别具一格而且与时俱进。

漂浮在海上的卢浮宫

06/ 漂浮在波斯湾的卢浮宫——阿布扎比分馆

波斯湾的石油大国阿联酋在迪拜创造一个又一个建筑奇迹后，没有忘记构架一个与之相匹配的精神文化世界。2007 年，阿拉伯联合酋长国与法国商议在其首都阿布扎比共建卢浮宫第二座分馆。仅为签上这个合同，阿联酋就向法国政府预付了 9.6 亿欧元。历时十年之久，卢浮宫阿布扎比分馆在 2017 年 11 月 11 日终于向访客敞开大门，成为阿联酋最年轻的地标。巴黎卢浮宫现任馆长让·吕克·马蒂内斯在法国《世界报》上写道：“阿联酋的卢浮宫分馆是属于全人类的博物馆，充分体现了世界大同的思想和普世情怀，符合全球化的大趋势。”

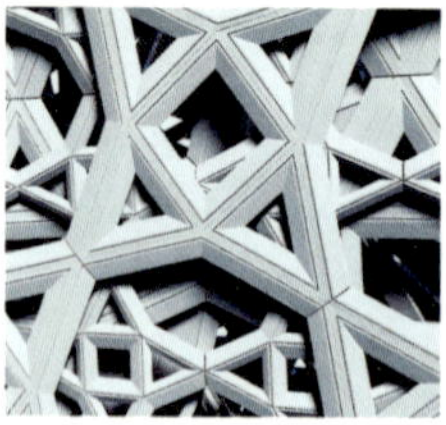
穹顶细节

阿布扎比分馆“漂浮”在波斯湾萨迪亚特岛的海面上，占地 2.4 万平方米，建筑群由一个直径 180 米

水天一色的新卢浮宫是建筑史上的奇迹

以四点六亿美元刷新全球最高拍卖纪录的达·芬奇《救世主》是卢浮宫阿布扎比分馆的镇馆之宝

阳光、大海、棕榈叶穹顶、热带植被，这些阿拉伯元素被新卢浮宫一并囊入怀中

的圆形穹顶和55栋独立建筑组成，由普利策奖获得者、法国泰斗级建筑大师让·努维尔主持设计。他把阿联酋传统文化元素进行艺术加工，设计了以苍茫大海为灵感的水系统，贯穿于整个建筑群；鲜亮的白体墙面源自于阿联酋传统白色土瓦屋；穹顶的设计灵感来自北非相互交错的棕榈树叶——它由八层晶格状金属镂空交错而成，形成7850个洞孔，阳光经过八层过滤后从洞孔洒下，使得当空烈日变成一束束错落有致的光线，射向博物馆的每个角落，绘出一幅五彩斑斓的“光之雨”图景。这一复杂的几何形穹顶既是传统阿拉伯建筑肌理的映照，也是建筑师在设计之初，许下“阳光如雨水般倾泻”愿景的具象描摹。每晚，穹顶洞在月光的照射下变成漫天星辰，如梦如幻。

穹顶下8600平方米的展览空间被分割成23个展览厅。目前展出了600多件艺术珍品，一半来自阿联酋国有收藏，另一半借自法国各大博物馆，租期30年。最近以4.6亿美元刷新全球最高拍卖纪录的达·芬奇《救世主》也将在此博物馆展出。

绝大部分传统博物馆一般以编年史的形式展示某一国家或地区的单一艺术品种，而卢浮宫阿布扎比分馆则以独具一格的“十二主题”模式布置来自世界各地的各类藏品，把不同的文明并置于共同的空间内。利用人类政治、宗教、历史、文化和价值观的多样性，睿智地展示出各种文明之间不可调和的矛盾和矛盾之下惊人的相似处，从而送给参观者一部浩浩荡荡的人类12000年互通有无的文明史。

在阿布达比卢浮宫畅游犹如走入海天一线的画卷

美第奇家族的卡特琳娜以法国皇后的身份召见群臣

4

西洋画馆

与其说卢浮宫是一座博物馆，不如说她是一本用图像语言书写的西欧历史教科书。她的西洋画馆基本涵盖了从神权专政的中世纪到百家争鸣的19世纪中叶所有西方艺术流派。藏品数量之大，跨度之宽，让人称奇。在这里，可感受文艺复兴时期的人文主义关怀，领略矫饰主义浮华夸大的作风，了解巴洛克艺术对作品生动性的不懈追求，见证古典主义的磅礴气势，领悟浪漫主义狂野叛逆的本源。总而言之，卢浮宫西洋画馆这部浩瀚的“编年史”饱含各色艺术情怀。

观看西洋画作时，永远不要忘记它的画框，它们和画作相辅相成，突出画作流派的特色

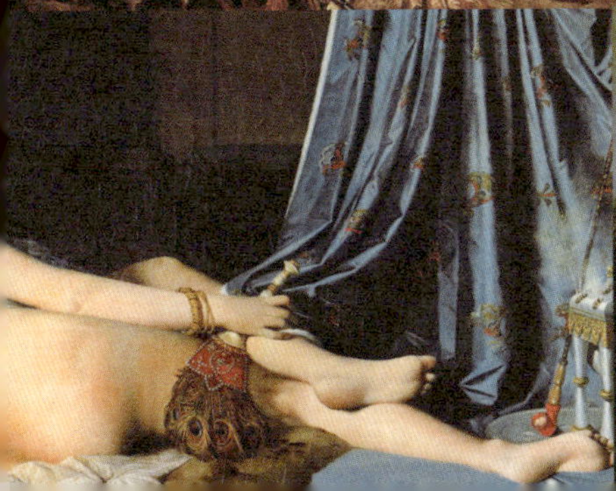

卢浮宫的大长廊人潮涌动

艺术家：莱奥纳多·达·芬奇
尺寸：77 cm x 53 cm
作品时期：意大利文艺复兴
创作年代：1503
入馆年份：1797
材质：帆布油画

达·芬奇的老师委罗基奥像

达·芬奇自画像

01/《蒙娜·丽莎》

赫赫有名的文艺复兴三杰之一莱奥纳多·达·芬奇给世人留下了一幅神秘感十足的画作《蒙娜·丽莎》，它毫无疑问是卢浮宫最为璀璨的明珠，三大镇馆国宝之首。这个世间少有的全才从小就热爱绘画，当他的父亲将他的习作拿给当时佛罗伦萨最著名的画师安德烈·德尔·委罗基奥点评时，画师当场决定将 14 岁的达·芬奇收为学徒，并断言他一定会成为巨擘。10 年后，才刚满 24 岁的达·芬奇独立创作出《基督受礼》这一著名湿壁画，立刻轰动了意大利北部绘画界，老师也自感青出于蓝而胜于蓝，封笔颐养天年。

这位人称“无所不能的意大利国宝”的全才达·芬奇，首先是位名副其实的艺术家，在 1494—1498 年间为米兰圣玛利亚感恩教堂绘制的大型壁画《最后的晚餐》让他在整个欧洲一举成名；他还是位出色的军事家和工程师，为了抵抗 1499 年土耳其人的入侵，他绘制战略地图，并主导建造军事堡垒与沟渠；他也是位奇思妙想的发明家，他

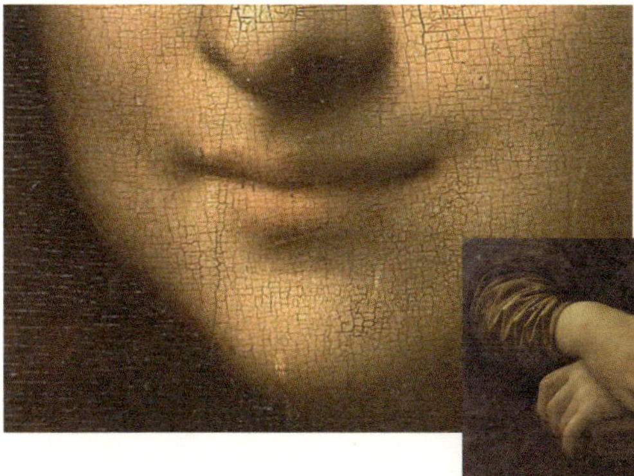

蒙娜·丽莎局部

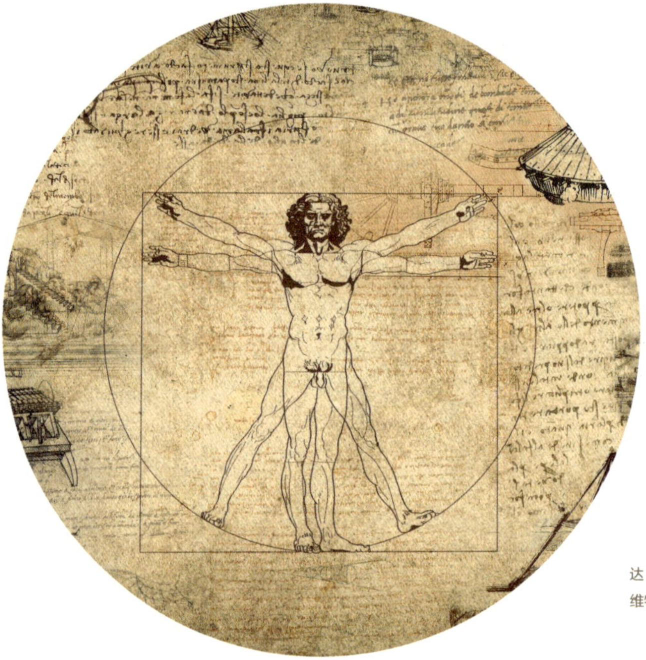

达·芬奇 1487 年著名手稿——维特鲁威人与其他发明物

设计过飞机、潜水艇、器械钟表和火药等等，但由于当时的硬件设施匮乏，这些巧思大多没有被付诸实践。当现代人严格模仿他的手稿后，确确实实可以创造出这些精妙复杂的机械仪器，可见他对自然科学天赋异禀，领先同代人几百年；另外，他还是解剖学家、植物学家、诗人、音乐家、哲学家、文学家……总之，他是佛罗伦萨当之无愧最聪明的男人。

在绘画艺术上，达·芬奇的作品时常笼罩在一股神秘莫测的光晕里，似乎永远处于一种欲言又止的未完成状态。其实这与一种当时十分流行的名为“朦胧法”的绘画技巧有关，技艺脱俗的《蒙娜·丽莎》就是这种技法最完美的呈现。

到底什么才是朦胧法？它是文艺复兴时期的画家最重要的艺术发明之一，在意大利语中是“如烟”的意思。顾名思义，就是让画中人物的轮廓染上一种烟雾般弥漫不清的艺术效果，从而让线条看起来更加柔软细腻。用达·芬奇自己的话说，这技法“让光与影，线与形都在这烟雾里消解”。这也是文艺复兴时期的人文画与中世纪的宗教画在手法上最重要的区别。这种技艺不但让画中人物看起来更自然，真实，充满感情，也赋予了画作一种令人琢磨不透的神秘感。它的绘制过程极其复杂，艺术史学家认为用朦胧手法完成一张真人比例的肖像画需要花近 300 小时。因此，达·芬奇为了更好也更快地完成作品，常常命令学徒们在自己的指导下完成多幅同一主题的作品初稿，他在其中择优选择一幅后，便开始用朦胧法继续加工，最后签上自己的名字。

画中身着 16 世纪意大利北部传统服饰的年轻妇人笑意嫣然，一双温婉而明亮的眼睛注视着画师达·芬奇和千百年来看画的人。她是谁？这是 500 年来的未解之谜。主人公的身份直到今日也没有被权威定论：有人说是达·芬奇的情人，也有人说是某位雇佣达·芬奇作画的领主的夫人……众说纷纭，莫衷一是。而且时间的洪流使得作品本身的名字在传承的过程中也变得模糊。作品在法语和意大利语中分别叫做《La Joconde》和《La Gioconda》(中文音译《吉奥亢达》)，只有在英语中才唤做《Monna Lisa》。蒙娜是古意大利语中对女士的敬称，中文直译为“我的夫人”或者“我的女士”，丽莎是主人公的本名。中文向来以英语为媒介翻译西洋作品，所以直接把这件作品音译为《蒙娜·丽莎》，其实这样一来造成了不少误解和困扰，它的直译《我的夫人丽莎》或者《我的女士丽莎》其实更为贴切。另一方面，吉奥亢多作为意大利北部著名大家族的姓氏，有学者认为画中主人公的名字是在婚后随丈夫弗朗西科斯·戴尔·吉奥亢多的姓，所以意大利语这个有阴阳性的拉丁语分支用吉奥亢多的阴性形式吉奥亢达来称呼女主人。那么到底是该把主人公称为吉奥亢多夫人还是丽莎夫人，或者丽莎·吉奥亢多夫人，西方史学家对此进行过多次学术辩论，但是没有任何一方能够拿出压倒性证据，故而无法定论。不仅如此，学界在几个世纪中对画家和画中人物的关系作出了形形色色的猜想。其中最为大胆的猜想认为作品里的主人公其实是个男人——达·芬奇的学徒萨莱。全才艺术家达·芬奇一生从未踏入过婚姻，也没有子嗣。学徒萨莱作为达·芬奇最为器重的学生和隐秘的情人，经常给达·芬奇做绘画模特，确有史实记载，达·芬奇的《施洗者圣约翰》就是以萨莱为原型所绘制的。然而《蒙娜·丽莎》与《施洗者圣约翰》中的主人公又拥有极其相似的脸庞，所以有部分学者认为达·芬奇倾其一生心血最重要的画作《蒙娜·丽莎》，就是为了将这份隐秘而忠贞的爱情记录下来。

主人公的微笑是谜一般的存在，似乎定格在笑意还未完全展开的一瞬间，如同一张抓拍，嘴角巧妙的光影

蒙娜·丽莎再次被找回的消息，被法国各大报刊头版头条刊登

5 centimes
E» EST RETROUVÉE
L'ATTENTAT DE LA RUE PELLEPORT
On croit tenir les agresseurs de l'encaisseur Bonneau
Offres et dénonciations
LES ESCROQUERIES DU PSEUDO-VICOMTE
On confronte à Versailles Roty et son accusatrice
LA SURETÉ GÉNÉRALE
tier Aldebert
n nouveau vol

效果让这微笑似有若无。学者群对此也给出不同的解释：有人认为是因为长期静止不动，模特有些疲乏僵硬；有人认为是主人公在怀孕初期（微胖的手背和脸庞证明这一点），所以有些不太自如；也有人认为是爱妻心切的丈夫在一旁用尽方法博冷美人一笑，画师则敏锐地抓住了这来之不易的一瞬间。2015 年，一台人脸表情测试仪给出更为“科学”的解释：在蒙娜·丽莎的微笑中含有 83% 的幸福指数，9% 的轻蔑指数，6% 的恐惧指数，2% 的愤怒指数和 1% 的中立指数。

除了微笑，她的眼睛也意味深长，与她神秘莫测的嘴部处理相互呼应。人们似乎站在所有角度都感觉丽莎夫人在看着自己，而且无论往哪个方向走，她的眼睛似乎在跟着转动。这种 180 度眼眸的绘画技巧并不单出现在《蒙娜·丽莎》里，同时期的其他绘画大师，如米开朗基罗和拉斐尔也能利用淡化眼球高光和润化眼球轮廓的方式制造眼神迷离的错觉。

画中的背景也值得玩味，似乎可以看到达·芬奇曾在意大利山区采风的影子。主人公的身后绘有当时意大利著名的博比奥拱桥，这座桥以及桥下永不止息的河水映射出时间的流逝，从侧面证明作品本身远不止一幅简单的肖像画。

《蒙娜·丽莎》在上个世纪初被盗的经历也让画作蒙上一层传奇色彩。1911 年，法国画家路易·倍卢被官方邀请用素描的形式复制一幅《蒙娜·丽莎》的底稿图。当画家来到画像前却发现画框里空空如也，

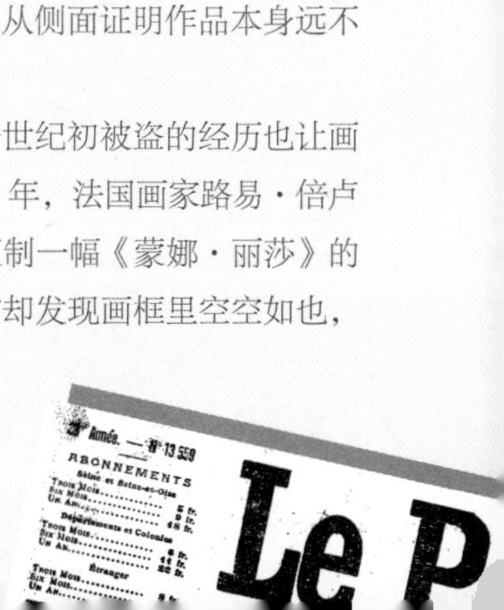
ABONNEMENTS
Le P

被偷的蒙娜·丽莎在意大利佛罗伦萨被发现

达·芬奇的《施洗者圣约翰》以他的学徒萨莱为原型，而圣约翰的脸型像极了蒙娜·丽莎

在法国著名画家安格尔的历史画作品《达·芬奇之死》中，我们清楚地看到弗朗索瓦一世与达·芬奇的情谊绝不简单

博物馆这才意识到画作被盗。愧疚万分的馆长在不久后便辞去了职务。警察一度怀疑这起盗窃案是当时神偷大盗杰瑞·皮勒所为，甚至严厉地拷问了有过购买赃物案底的毕加索，但一无所获。

原来，卢浮宫当年换过一次陈列窗，趁着整修时期，一位来自意大利的装裱工人文森佐·佩鲁贾趁监工一不留神，眼疾手快地割下画框中的作品，并卷在工作服内成功运出宫外，最后藏在他的巴黎住所。两年后，他便把画作带回意大利，可他嗜酒成性，很快负债累累，就在穷困潦倒之际，打算高价卖出《蒙娜·丽莎》，于是他联系了佛罗伦萨的乌菲兹美术馆，馆长在鉴辨作品真伪后迅速报警。法网恢恢，疏而不漏，这名臭名远扬的窃贼终于落网。佛罗伦萨乌菲兹美术馆在征得卢浮宫同意后，给《蒙娜·丽莎》举办了一个短期展，展期一结束就迅速归还卢浮宫。

然而这个本该人人喊打的盗窃犯在意大利短期服刑 18 个月后就被放了出来，意大利的各大报纸还将他赞扬成爱国主义人士。原来，意大利民众误以为《蒙娜·丽莎》是拿破仑一世侵略意大利时掠劫的战利品，认为应该把它归还意大利。但事实远非如此，它后面还隐藏着一段君臣情深的故事：达·芬奇 64 岁时收到了法国国王弗朗索瓦一世的邀请信，盼望他能来法国为其效命。国王在卢瓦河慷慨地赐予他昂布瓦斯城堡，并许下承诺："亲爱的莱昂纳多，这一切都属于你，你就在此自由自在地织梦吧，好好地安度晚年。"国王和暮年的达·芬奇关系异常亲近，有历史画可循达·芬奇是依偎在弗朗索瓦一世的怀里咽下最后一口气。也就是在这个大背景下，画家为了感谢法国国王弗朗索瓦一世的器重与优待，在临终前将《蒙娜·丽莎》连同其他作品一齐作为回报赠送给了他的伯乐，所以它的所有权归属法国实为当之无愧。

《蒙娜·丽莎》直到今日依然吸引着众多研究者和爱好者。传说这件作品共有七个摹本，均出自于达·芬奇画室学徒之手，如今散落于世界各地；也有传闻说长时间看此画会产生幻觉；甚至谣传卢浮宫展厅里的这件作品并非达·芬奇的原作，真迹在盗窃案后一直保存在卢浮宫的地库里，将永不现世。这些人云亦云的谣言虽然没有任何史料依据，不可轻信，但确实在无形之中平添了作品的神秘色彩，造就了它如今"世界绘画之桂冠"的知名度。是否名副其实？那就等你来亲眼验证了。

艺术家：雅克 · 路易 · 大卫
作品时期：法国新古典主义
创作年代：1805—1807
尺寸： 621 cm x 979 cm
材质：帆布油画

雅克·路易·大卫 自画像

02/《拿破仑的加冕》

这幅画作是法国大画家、新古典主义代表人物雅克·路易·大卫的绝世经典。作品篇幅宏大、布局巧妙、学术地位颇高，是卢浮宫西洋画馆最重要的收藏之一。这件兼具历史画和政治宣传画为一身的艺术作品是拿破仑一世亲自向大卫本人订制的，大卫思考构图整整一年后才正式动笔，耗时三年才完成绘制。

1804 年拿破仑在巴黎圣母院加冕，成为法兰西历史上第一个帝国皇帝。加冕仪式盛大庄严，是 19 世纪初全欧最重要的盛典。在 1789 年法国大革命之前，法国一直是封建王朝，只有在“上帝恩赐膏油”的仪式下，由教宗亲自给国王加冕才算合法，所以天主教的教权在法国政治舞台扮演极其重要的角色，算得上与王权不相上下。而拿破仑建立的新帝国却将宗教打压在皇权之下，这次“自我加冕”也是向他的子民宣布，拿破仑本人才是国家真正的主人。

画家选取了拿破仑为他的皇后约瑟芬戴上皇冠的瞬间，而这个瞬间恰好凸显出拿破仑从宗教中夺回国家权力的决心。不顾教皇的极力反对，拿破仑为自己，也为爱人加冕。此时此刻，拿破仑的霸气与骄傲跃然于画布之上：他表情坚定、双唇紧闭，举手投足间充满了自信和淡定。他的两个姐姐提着皇后约瑟芬精美绝伦的、象征皇权的朱红色裙摆。皇后双手合十，虔诚地跪在拿破仑面前的紫色天鹅绒软垫上，等待丈夫给自己的加冕。周围群臣表情肃穆，表达着对新建立的法兰西帝国无限的憧憬与忠诚。

坐在拿破仑身后教皇座椅上的庇护七世尽管被众多的主教与神父簇拥着，却显得异常失落。他也没有占据画面的重要位置，只是刚好能被看到而已，被掩盖在拿破仑的君王霸气之下。他并没戴上教皇的三重冕，只有肩上披着主教的云幔，右手无奈地做着祈福的手势。云幔上白色条纹和六个黑色的十字架代表着罗马教廷授予他的宗教地位。这一政治与宗教之间的博弈在大卫的画笔下变现得微妙而耐人寻味——两股力量汇聚在拿破仑加冕的仪式上，互不相让，这幅画被看作是法国新旧两大体系的碰撞，也是画中右边的宗教世界向左边的皇权世界的让步。整幅画作充满了肃穆而神圣的气氛，作为典礼的中心，所有人的目光都集中在拿破仑手上那顶象征着新世界绝对权威的帝国皇冠之上。

除了这三个主要人物之外，大卫还着重勾画了观礼台中心的拿破仑的母亲，皇太后玛丽亚·莱蒂齐亚·拉莫利诺。她头戴太后皇冠，身着蕾丝华服，面带微笑，尊贵而优雅，被一群身份尊贵的妇人以及仆人簇拥着。而事实上，加冕之日她并没有出现在典礼之上，因为当时她正在为拿破仑和他兄弟路西安之间的争执而生气，并且她反对拿破仑迎娶约瑟芬，因为她不仅是个“拖家带口，有失体面”的二婚皇后，而且很可能不再具有生育能力。果然，不孕的预言在日后得到应验，最后导致了拿破仑与约瑟芬的离异。但是，当缺席的太后得知拿破仑要以历史画的形式纪念这一加冕盛事，便亲自找到画家大卫，希

教皇庇护七世显得异常失落，右手无奈地做着祈福的手势，他完全被掩盖在拿破仑的君王霸气之下

拿破仑相比之下霸气十足，而且所有人的目光都集中在他手上象征着新世界绝对权威的帝国皇冠之上

皇太后玛丽亚正襟危坐，可实际上当日并未出席，此处为画家后期添加

大卫曾经的手稿向我们展示他最初的想法：刻画拿破仑给自己加冕。然而这个场景实在太具争议性，有悖当时封建神权欧洲的主潮流。大卫最后选择描绘拿破仑给自己加冕之后，再给他的皇后加冕的时刻

望能为自己在画中保留一个位置。确实如此，在散发着浓厚的政治宣传意味的皇帝加冕历史画中，怎能少了皇太后的出场，否则众人该如何接受加冕的合法性？拿破仑本人也十分满意画中母亲正襟危坐，面露赞许般的微笑形象，对大卫凭空绘画的精湛画技赞许有加。

画家本人的形象其实也出现在画布之上，哪怕只是一个很不起眼的位置——他就在拿破仑母亲身后的观礼席上的第二排。他神情严肃，手拿纸笔，正在用画笔速写记录整个加冕仪式的过程。

这幅《拿破仑的加冕》之所以如此重要也是因为它在某种程度上赋予和加固了拿破仑登上皇位的合法性。除这幅作品之外，大卫还为拿破仑画了很多以政治宣传为目的的历史画，用来记录其政治生涯中其他重要时刻。作为新古典主义的里程碑，大卫的《拿破仑的加冕》是一幅基本上不取决于画家意志的政治宣传画，画面中强烈的政治洗脑的意味限制了大卫在作画过程中的批判性，沦为政治工具，从而限制了他在“为自由而艺术，为艺术而艺术”的当代艺术家心目中的地位。即便画作本身震撼人心，却始终像戴着镣铐在舞蹈，经典而残酷。也许一直期望成为当时最重要的御用画家大卫本人并不这么评价自己。1808年画作被悬挂在卢浮宫最引人注目的位置，在开幕仪式上，拿破仑当着所有法国贵族的面对他赞不绝口：“大卫，我的画师，我向你致敬！”帝王一席话，也算是满足了这位古典主义大师一生的执念与追求。

梅杜萨之筏
艺术家：西奥多 · 藉里科
作品时期：法国浪漫主义
创作年代：1818—1819
尺寸：491 cm x 716 cm
材质：帆布油画

03/《梅杜萨之筏》和《自由领导人民》

西奥多 · 藉里科的《梅杜萨之筏》和欧仁 · 德拉克洛瓦的《自由领导人民》两幅巨型浪漫主义绘画有必要放在一起比较欣赏。

19 世纪，浪漫主义的浪潮开始在欧洲冲击着陈旧的古典主义，画家们渐渐抛弃了学院派的陈规旧俗，也不再为政治效命。他们偏爱悲剧式的人物和戏剧化的艺术表现

形式，浪漫主义的画布上激荡着艺术家本人炽热的情感，这与古典主义学院派的宏大画风截然不同。时事成为这群新生画家们主要的绘画题材，针砭时弊成为他们的中心思想。作为共和国的支持者，藉里科和德拉克洛瓦与帝国御用画家大卫水火不容，他们斥责《拿破仑的加冕》这样的宫廷画，认为它浮夸而矫饰。从这一刻起，画家们不再依附权势，更愿意自主选择绘画主题，画家不再是某个场景的被动描摹者和政治家宣传的工具，他们更像一群社会批评家，以笔为剑，刻画出时代最具代表性也最尖锐的事件场景，而这些场景背后蕴藏着画家们对其时代最真切的自我感知与最赤裸的社会批判。

1816 年的沉船事件像一个导火索，彻底点燃了藉里科对帝国的不满。于是便诞生了艺术史上最“血腥”、最“黑暗”的画作《梅杜萨之筏》。沉船事件发生在路易十八复辟后的波旁王朝。1816 年，根据《巴黎协议》，英国将塞内加尔殖民地归还给法国，遂即国王下令梅杜萨号远航塞内加尔，收回这片殖民地的管理权。船上共有 400 人，其中包括一名法国上校、一名即将去塞内加尔上任的政府高官及其家人，还有一些科学家、士兵以及一些塞内加尔奴隶。船长因政治斗争长期流亡国外，已经 20 多年没有驾驶过船只，屋漏偏逢连夜雨，梅杜萨

整幅作品呈现两个金字塔形，视觉中心在黑人男孩手里的救援旗上

藉里科肖像

号蒸汽船在塞内加尔附近的海域遇到极其恶劣的海啸，船体迅速漏水抛锚。船员们一齐逃往救生筏，而这没有任何机械驱动的小木筏只能在汪洋大海上无助地漂泊。仅存的一点点饼干、淡水和葡萄酒很快就消耗殆尽了。在大雨滂沱和烈日暴晒交替折磨下，早已体力不支、陷入绝望的遇难人员逐一死亡，漂泊七天七夜的木筏上仅剩下 27 人。此时，为了保存最后一点补给品，并且减轻已破败不堪的木筏承重量，长官们决定将尚有呼吸的老幼病残全部抛入海中。十三天后，一艘法国商船发现了遇难的梅杜萨之筏，却并没有开展救援工作，在唯一的求生希望破灭后，人们陷入彻底绝望，人吃人的惨剧在这只小木筏上不可避免地上演了。血染的木筏，漂浮在浩瀚无垠的绝望风浪里，像一座人间地狱。这里没有同情，没有人性，只有罪孽和丑恶。42 天后，英国海军终于在海上发现了梅杜萨之筏，只有 3 人得以生还。

沉船一年之后，年轻的籍里科从意大利游学归国，在听说这则耸人听闻的沉船事件后，被深深触动，并且对复辟后的波旁王朝的无能无比失望。于是决定画一幅《梅杜萨之筏》泄愤，并以此纪念遇难的所有船员。

为了让作品尽可能还原当时的真实情况，籍里科联系到了两名幸存者，听他们讲述了整个沉船事件的始末，然后和他们一起重建了当时的小木筏，最后它被如实地绘在这幅画作里，甚至木板之间的空隙也被描摹出来。为了传神地重现惨剧人物的神情状态，画家开始细心研究尸体和重病将死之人的容貌——他每晚将自己关在画室，临摹一些被偷偷运送至此的尸体残肢，还经常拜访医院的重病科观察病入膏肓的患者，并买通警卫，在太平间给尸体画素描。这段时间的籍里科彻底沉迷

坐在船舷上守着儿子尸体，陷入沉思的父亲

这具只有上半身的青色尸体暗喻着木筏上人吃人的悲剧

远处地平线上的商船是他们遇难者的希望，可是它并没有实施援救

于他的工作之中，可谓到了废寝忘食，忘我癫狂的地步。如此付出，必出神作。

为了寻找事件过程中最具表现力的时刻，籍里科首先画了很多构思草图，他最后选择商船发现了救生筏，却没有实施营救，而是径直驶向远方的这一刻。因为他深深知道，比起人吃人，燃起的最后一丝希望被浇灭才是最让人绝望的。在选定场景后，籍里科胸有成竹，直接用画笔勾勒、图色。面对偌大的画布，他已不需要用炭笔起稿，他太清楚自己要画什么，太清楚画中人物的每一个表情，每一条肌肉的纹理，因为他已经为此临摹了成百具尸体。他安排模特按照画面的要求陆续进入画室，让他们的身体重叠交错为他的画面构图。他的学生兼朋友德拉克洛瓦也自告奋勇地加入进来，在前景中赤身裸体倒在父亲怀中的男孩就是以他为原型。

画中尸体遍横的惨状加深了作品的戏剧感染力，不论是坐在船舷上守着儿子尸体，陷入沉思的父亲，还是靠在桅杆上抱着头，不知所措的年轻人，他们心如死灰的眼神触动人心。画面后方的船员们还在奋力地向商船招手，希望他们能注意到自己，然而这一切的努力都是徒劳，商船渐渐消失在遇难者们的视野里，和它一起消失在这大海深处的还有木筏上仅存的最后一点人性，在木筏的左下角绘着一具只有上半身的青色尸体，便暗喻了这出人吃人的悲剧。

这幅画作充分显示了对殖民主义深恶痛绝的籍里科的民主共和思想——画中同时出现法国白人殖民者

法兰西共和国拟人化的象征
——玛丽安娜

法国旧币 100 法郎上印有这件作品

和塞内加尔的黑人奴隶，他们之间原本横跨着不可逾越的鸿沟和竖立着不可调协的矛盾，然而这一切在代表“希望”的商船出现的关键时刻彻底土崩瓦解。此时的人们不分种族，不分阶级，团结在一起，互相帮衬，形成小型金字塔，在塔顶不断挥舞红色救援旗以便引起商船的注意的黑人童奴，位处画面中心，画家的如此设计不仅揭露了当时藏在“平等、自由、博爱”的虚伪信条下，法兰西帝国殖民主义的真实本质，而且体现了他对未来的民主共和满怀憧憬。

1819 年《梅杜萨之筏》在法国首展，广受批评，那时生活在帝都的富裕巴黎人，没有办法适应如此赤裸裸的，血腥惨烈的场景。这不只是因为藉里科的作品挑战了当时主流的新古典主义审美观，同时也因为当时的法国民众还没有成熟到直面本国的腐败政局，根深蒂固的种族论和殖民主义也让他们变得麻木不仁，无法从这次惨剧中吸取任何教训，所以对于这种敏感话题他们更愿意选择无视或者逃避。虽然这件作品在本国不受待见，但一拿到伦敦参展，便迅速引起轩然大波，一腔热血却在祖国郁郁不得志的藉里科反倒在异国他乡得以施展拳脚，斩获殊荣，实在讽刺。在《梅杜莎之筏》问世的五年后藉里科坠马身亡，在他死后的第二个月里，代表当时法国政府政治立场的咽喉机构——卢浮宫博物馆才敢

自由领导人民
艺术家：欧仁 · 德拉克洛瓦
作品时期：法国浪漫主义
创作年代：1830
尺寸： 260 cm x 325 cm
材质：帆布油画

全图呈现两个金字塔形，而视觉趋势向上，最终集合在女主人公和国旗上

从籍里科的朋友手里买下这幅油画，悬挂于法国名作之间。可见这件作品在当时到底引发了多大的争议，用今天的白话说，它曾是块烫手的山芋，无人敢碰。值得一提的是，从二战结束起，也就是如今法兰西第五共和国建国以来，全新的卢浮宫不再受法国政府或任何第三方的政治审核，终于可以完全自主地选择藏品。

在籍里科的感染下，他的学生德拉克洛瓦选取了七月革命中最令人热血沸腾的一个场景，创作出最能代表法兰西共和国思想的浪漫主义经典油画《自由领导人民》。

画作的女主人公头戴弗里吉亚无边便帽，手举法国国旗，代表着为自由而革命。她是一位普通女子，却拥有和法兰西共和国拟人化的象征——玛丽安娜一样的成熟女性的力量、战无不胜的勇气和革命的魄力。她痛恨封建王朝再一次窃取了革命的果实，手握指代“自由、平等、博爱”的共和国国旗，它迎风飘扬，酷似不灭的火炬，象征永不停息的斗争，预示着民主共和必将战胜封建专制，人民与自由终将赢得最后的胜利。她的裙摆处夹藏着古代地中海雕塑的影子，袒露的胸部不但显露了作品浪漫主义的情怀而且使人迅速联想到古希腊雕塑作品《断臂维纳斯》，她的侧脸也与这尊古希腊美神雕像极其神似，德拉克洛瓦也确实在《断臂维纳斯》移入卢浮宫后进行过多次临摹。她左手拿着步枪，使得整体形象更加现代而硬朗。她双脚踏在战争的废墟之上，增添了一种对胜利的自信力。

站在这位女性身旁的还有三个重要角色。最右边的是一个刚满 12 岁的孩子，他头戴法国贝雷帽，双手持枪，正在为革命高呼。女主人公的左边则是一位绅士模样，手持步枪，头戴圆顶礼帽的新贵族——以雄厚的资金而不是以出生或血缘挤入社会上层的新型企业家，他却穿

德拉克洛瓦肖像

着工人的裤子，系着工人的腰带，表达出民主平等的思想——革命不分阶级，理应团结一致。他身旁站着一位手持砍刀的巴黎综合理工学院的学生，头戴学生工会标志性的两角帽。

在画面右侧的烟雾中能隐约瞥见巴黎圣母院的塔楼，这座在维克多·雨果笔下充满浪漫主义色彩的宗教建筑同样是精神自由的代表。圣母院旁的房屋均是由作者为了画面的饱满度而虚构的，它们在现实中并不存在。画面前景横尸遍野，代表自由的女主人公，雄赳赳气昂昂地踩在为革命而牺牲的士兵尸体上，号召人民继续向前迈进，画面由此变得壮烈激昂。

这件意在表达革命意志的艺术作品，其色彩总体灰暗，烘托出严肃的

维纳斯脸部侧面细节

画面女主人公的面部特征完全透露出德拉克洛瓦原版不动地复制了断臂维纳斯的面孔

斗争氛围。但是法国三色旗的红白蓝组合穿插于其中，不仅流露出作品爱国主义情怀，而且也为作品本身增添了色彩与活力。细心数一数，可以看到七组红白蓝搭配：最明显的是女主人公手上挥舞着的国旗；第二处是卧在她脚旁，崇拜地注视着她的妇女身上的衣服；第三处是左侧男学生的腰带；第四处是他帽子上的徽章；第五处是他身后长矛上的战旗；第六处是画面右侧倒下的烈士的制服；最后一处是隐藏在圣母院上的国旗，旗面极其微小，只有在20厘米内超近距离观赏原作才能发现。

德拉克洛瓦的运气似乎比他的老师藉里科要好得多，1831年《自由领导人民》在巴黎沙龙一经展出，便大获成功，被封为“最能代表法兰西共和国主导思想的杰作”。

《梅杜萨之筏》与《自由领导人民》这两幅浪漫主义巨作被卢浮宫刻意悬挂在同一堵墙面相距不远的位置上，一幅弥漫着批判与思考，另一幅充盈着热血与激情，它们相得益彰，在受众心中激起一阵阵巨浪。

圣母院旁的房屋是画家虚构的，实际上并不存在，同时教堂顶端飘着一个肉眼几乎分辨不出的法国国旗

《迦拿的婚礼》
艺术家：保罗·委罗内塞
作品时代：意大利文艺复兴时期的威尼斯画派
创作年份：1562—1563
尺寸：677 cm x 994 cm
材质：帆布油画

04/ 鲜为人知的美术瑰宝

保罗·委罗内塞肖像

卢浮宫的绘画收藏量可谓浩瀚无垠，除了法国本土画家的经典作品外，还保存着意大利、西班牙、弗拉芒（如今荷兰与比利时北部）等重要画家的佳作。本书篇幅有限，遗憾不能涵盖所有馆内杰作，却精心准备了三幅小众却不容小觑的美术瑰宝。它们常常淹没在卢浮宫无边无际的艺术海洋里，无人问津，可每一幅都藏着不为人知的秘密。

提到16世纪的威尼斯画派，保罗·委罗内塞会立刻映入众人脑海，这幅占据《蒙娜·丽莎》对面整块墙体的巨型油画《迦拿的婚礼》便是他的代表作。

即使它篇幅再宏大也无济于事，照样被比它小150倍的《蒙娜·丽莎》抢尽风头。当然一幅作品不能从它的尺寸来判断它的价值，可这幅无所不包的巨型绘画杰作被访客忽略到如此地步着实是个遗憾。画作讲述的是《圣经新约》中的一个故事：耶稣为了庆祝他的信徒迦拿的婚礼，将水都变成了酒，供宴客狂欢。应验那句了基督教箴言：“信耶稣者，享尽恩泽”。

或许是因为出生在阳光充足、色泽明丽的威尼斯，保罗·委罗内塞向来钟情于缤纷绚丽的色彩，正因如此，才能在这件作品中见识到画家对于颜色敏锐的捕捉力和高超的把控力。不同于16世纪其余作品的沉闷，《迦拿的婚礼》画面整体十分清晰明朗。画中人物多达百位，而每一位都有属于自己的轮廓构架和性格特征，这恐怕只有像保罗·委罗内塞这样的天才才能做到。这幅画是1562年威尼斯圣乔治僧院向画家特别定制的，神甫们尊重委罗内塞的意愿，他不用严格按照《圣经》里的故事来构图，而且允许他在这件作品中发挥自我想象力，增添或删减场景人物。如此自由的创作空间来之不易，可见文艺复兴时期艺术家的自我价值比神权统治的中世纪时期高出百倍。委罗内塞得以在此画中大显身手，对

拉着弦乐的秃头乐师正是以画家委罗内塞本人的形象绘制的，这是他独特的签名方式

本该是主角的新郎迦拿和新娘被画家谦卑地安排在画面最左端，凸显“主耶稣”在场景故事中与画面布局上的重要性

戏剧性场景的把捏恰到好处，他不仅没有辜负神甫们的期待，如此精湛的艺术手法让同辈艺术家望尘莫及，后代艺术史学家也对他的巧思和巧手叹为观止，把他直接晋升为意大利文艺复兴晚期最重要的艺术家。

整幅作品可以从横向分为三层：最上的一层是万里晴空和娇莺飞鸟，远远可见钟楼的形状，寂静而安然，两侧由科林斯廊柱撑起的阳台上站满了欢喜庆贺的宾客，建筑上的每一处雕花、圆柱和塑像都反映了文艺复兴时期意大利的城市风貌；画面的中层高朋满座，宾客身着各色华服、欢呼雀跃、觥筹交错、相谈甚欢。在画面最前面一层，人们载歌载舞、笙歌鼎沸、鼓乐喧天，一派欢天喜地、其乐融融的场景跃然纸上。

当连结这幅巨型油画的对角线时，会发现两线相交之处正是耶稣本尊，他端坐在画面最中央，被信徒们所围绕，餐桌上满堆了他刚刚用水变出来的美酒，人们喜气洋洋正举杯致敬。桌前那位留着络腮胡，拉着弦乐的秃头乐师正是画家委罗内塞本人的模样。他把自己的外貌特征巧妙地并入绘画作品，成为他独特的签名方式。婚礼两大主角——一身华袍的新婚夫妇谦卑地被画家安排在画面最左端，目的是凸显“主耶稣”在场景故事中与画面布局上的重要性。

整幅作品还被划分成很多小场景，比如位处画面前方演奏乐器的四位乐师、左侧与新婚夫妇攀谈的嘉宾和侍童、右侧倒酒的仆从和穿梭其中讨食的小猫小狗等等，都是可以自成一体的独角戏，然而画家妙地利用构图技巧，把它们统统和谐地融入了一个欢庆的大布局里，让整幅作品丰盈饱满且井然有序。

下次在忙着和《蒙娜·丽莎》傻笑自拍的时候，别忘了抬头看看这幅巨细无遗的巨型画作，它所涵盖的故事内容比一处神秘的微笑似乎来得更加丰腴。

画者想象力极其丰富，作品春夏秋冬各有特色，均用当季的花卉、水果、蔬菜和谷物拼凑而成，绝对是意大利文艺复兴时期的鬼才

2.《四季》（Les Saisons）
艺术家：朱塞佩·阿尔钦博托
作品时代：意大利文艺复兴
创作年代：1563
尺寸：66cm x 50cm
材质：帆布油画

朱塞佩·阿尔钦博托肖像

毫无疑问，艺术需要一些天马行空般的创举，也许正是多亏这些创举，16 世纪的米兰画家朱塞佩·阿尔钦博托让观众在他画前驻足后陷入沉思。

这四幅名为《春》《夏》《秋》《冬》的画作，远看都是人物肖像画，近看却发现是以蔬菜果实为元素的"拼贴画"。阿尔钦博托首先把四季的模样人格化，再将四季里对应的水果、蔬菜、花卉、植物巧妙地组合成人脸之形状，由此诞生了壮年的春天、中年的夏天、不惑之年的秋天和耄耋之年的冬天。这不仅是自然界的四季，也是凡人一生的历程。

春天主要由花卉构成，黑色的背景衬托出人物头上粉色的花环和绿色的薄衫，他带着微笑，充满年轻人的

俊朗和朝气；夏天则主要由水果构成，奔放的橙色和热烈的红色让这位夏先生显得热情洋溢；秋天则由一些蔬菜和瓜果组成，以棕色为主的色调开始有了老态；年迈的冬大爷则由大量的树根枯枝拼成，他见证着生命的消亡，而画作下方的一片绿枝也暗示着对来年春天的期盼，隐喻生命周而复始，生生不息。

1563年，委罗内塞还在忙着给教廷绘制“宗教画”《迦拿的婚礼》，来赞美耶稣的神迹（即使此画带有一定程度的人文思想），然而，阿尔钦博托在同一年已经开始创作“抽象画”，为艺术而艺术。他天马行空的作品让文艺复兴时期的意大利同行大为不解，即使放在今日，他的作品也称得上与众不同，有艺术史学家还打趣说他本是位20世纪的画家，不知何种原因穿越到文艺复兴……

戏言归戏言，他的作品在文艺复兴时期默默无闻，没有任何影响力，因为已经习惯为梵蒂冈教廷绘制“宗教画”或者为各位公国大公绘制“肖像画”的意大利艺术家无法理解他的绘画目的。谁知在时跨 400 年后，阿尔钦博托居然影响了一批 20 世纪的超现实主义画家，比如来自比利时的勒内 · 马格里特、来自俄罗斯的马克 · 夏卡尔以及来自西班牙的萨尔瓦多 · 达利。他们均称自己在不同程度上受到阿尔钦博托作品的启发，还诙谐地说他们是阿尔钦博托居时隔 400 年的“关门弟子”。

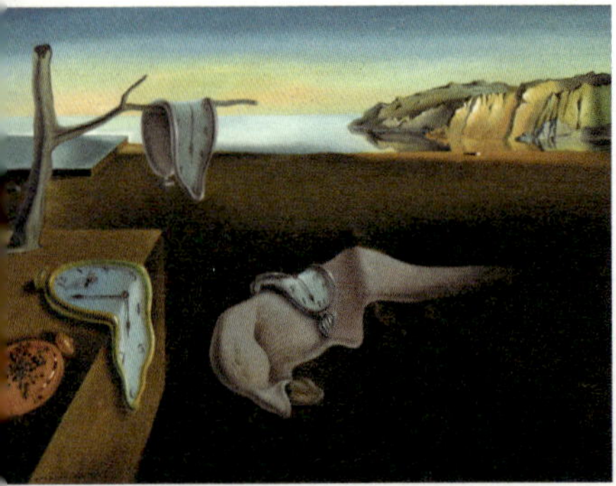

达利《记忆的永恒》

马格里特《受欢迎的哲学家》

夏卡尔《七指自画像》

维米尔肖像

说起 17 世纪中叶荷兰黄金时代的著名画家维米尔，人们脑海中会迅速浮现藏在海牙博物馆的国宝《戴珍珠耳环的少女》，它号称是“北方的《蒙娜·丽莎》”。女孩一双能说话的眼睛和若即若离的唇间微笑与达·芬奇的《蒙娜·丽莎》如出一辙，却各有所长。藏在荷兰国家博物馆中的《倒牛奶的女工》也同样令人过目不忘，女工将牛奶缓缓地倒出，似乎观者也被包裹在奶香里，令人产生怀旧的情绪。它被“雀巢”敏锐的商业头脑相中，被印在了所有雀巢牛奶的包装上。如此一来，作品传递的艺术语言逐渐被消费，被利用，久而久之降解为百姓心中优质乳产品的商业符号。

维米尔一生穷困潦倒，在荷兰小城代夫特苟且过着日子，在世时被人遗忘，死后反倒被人尊崇——他被后人，与在世时已名噪一时且生活富裕的哈尔斯和伦勃朗一起追封为荷兰黄金时代三大国宝级艺术家——似乎颇具讽刺。他一生创作不多，流传下来的更加稀少，如今全球只有 14 幅维米尔的真迹存世，卢浮宫收藏了其中的

《倒牛奶的女工》成为雀巢的代言人

《戴珍珠耳环的少女》被评为北方的蒙娜·丽莎

3.《花边女工》
艺术家：约翰内斯・维米尔
作品时期：荷兰黄金时代（又称弗拉芒的巴洛克时代）
创作年代：1669—1670
尺寸：24 cm x 21 cm
材质：帆布油画

女孩认真的神情，朴实的妆容，凸显了尼德兰黄金时代的务实特征

两幅。而这幅《花边女工》也是他的经典代表作，他以诗意化的方式描绘一个在编织蕾丝的女工那种专注平和的神情，人物神貌极其逼真，他抒情般的笔调一再强调作品的怀旧心理。这一表现日常生活场景的风俗题材画被艺术家的妙笔烘染得富有感情，极具张力。画面色彩厚实，光线柔和，与人物的性格特征融为一体。维米尔的画就是这样，他醉心于生活的小细节，从他的画作中总能体会到生活的质感。正是源于这种对于生活的热爱，他的画作总能带给人一种质朴的感动。对于 17 世纪的审美标准而言，维米尔的这些作品绝对不同于时代的选题潮流，无疑是极具革新精神的。

遗憾的是，200 年后，他生不逢时的境遇将在他的本国同胞文森特・梵・高身上再一次重演。这两位荷兰艺术家虽然度过了怀才不遇的一生，算得上是画家本人之殇，却都敢于坚持属于自己的艺术信仰，去世后双双获得迟来的肯定与殊荣，此等时乖运蹇的遭遇反倒造就他们在西欧艺术史上神话般不可动摇的地位，可悲可叹。

卢浮宫的雕塑馆宏大而庄严，从 3000 年前的古希腊至 300 年前的新古典主义的作品应有尽有

5 西洋雕塑馆

德国大文豪和艺术史创始人温克尔曼曾用“高贵的单纯，静穆的伟大”来评价古希腊和古罗马雕塑艺术，如此美妙的词句让人浮想联翩却也不免造成困惑。其实温克尔曼是在形容古希腊雕塑艺术“纯粹”与“壮美”高度统一的美学内涵。卢浮宫的雕塑馆中藏有大量的古希腊、古罗马雕塑文物以及文艺复兴时期的意大利雕塑家仿古作品，而这些作品的主人公大多是被人格化的古希腊与古罗马众神。他们具有超越凡人的力量与智慧，却有一颗比凡人还要脆弱、嫉妒和痴迷的心。

很多艺术爱好者在品鉴过这类艺术后都不禁要问：为何大部分的雕像在这个历史时期都赤身裸体？在回答这个问题之前，有必要先去了解一番作品的创作背景和那个时代的价值观。

在原始社会中，人们把性看作是大自然的恩赐、生命与欢乐的源泉。在旧石器时代的欧洲“奥瑞纳”文化里，就出现过鲁塞尔洞的浮雕裸女，作品对女性的乳房进行了夸张的艺术处理。古希腊雕像虽然也是常常一丝不挂，但是却有本质的区别，古希腊的雕塑师塑造胴体形象不再像原始社会中对性和繁殖的崇拜，他们更加偏向理想主义，擅长用外在形体表现内在力量。可以用一句中文谚语来概括古希腊裸体形象的本真：其源于自然，而高于自然。

古希腊孩童很早便开始接受体育训练，社会健身风气特别浓厚。各个城邦每逢节日庆典，都会组织体育竞技比赛。那些最有气力、身手敏捷、身材矫健的青年将

古希腊和古罗马的雕塑是西方艺术史的重头戏，多亏石 质材料不易腐化，千年后作品依然近乎无损的状态，让观者能一饱眼福

古罗马军队凯旋浮雕

得到观众的拥戴和贵族的垂爱，以此改变自己一身的境遇。所以，在古希腊人的眼中，理想的人物形象并不是善于思索的头脑或者感知敏锐的心灵，而是血统好、发育好、比例匀称的躯体，而展示这完美身躯最直接了当的方式，便是选择一丝不挂的赤裸形象。

另外，古希腊雕塑作品永远动感十足，迸发张力，这和古希腊人的好战，富有表达性的民族特性有关。在欣赏这一时期的艺术作品时，应该试着去理解雕塑师是如何抓住运动中的人物的“一瞬间”。从这样的角度出发，将会更快地进入赏鉴状态，更深刻地体会作品散发出的魅力。

胜利女神的裙摆迎风飘扬，作品刻画的正是女神降落在船头的一瞬间，翅膀还未收拢，脚尖刚好落地

艺术家：不详
尺寸：共高 3.28 米（神像高 2.44 米）
作品时期：希腊化时期
创作年代：公元前 190
材质：帕罗斯岛产的白色大理石

01/《萨莫色雷斯的胜利女神》

这件雕塑作品来自萨莫色雷斯岛，岛上的古代神灵是比古希腊奥林匹斯神仙体系还要古老的地中海东岸神祇，也是安纳托利亚人（现在的土耳其）的古老神灵。在希腊人到达这里之前，岛上居民早已兴起对胜利女神的宗教性膜拜。从公元前 4 世纪开始，各大宗主国之间的战争此起彼

伏，都希望获得地中海东部的统治权，在这样的背景下，对“胜利”女神的崇拜在古希腊各地，特别是在小亚细亚迅速传播开来。为纪念和感谢这位帮助他们打胜仗的神灵，居民经常在女神像前举行献祭仪式。

公元前 2 世纪初，这尊造在萨莫色雷斯祭坛上的胜利女神像为了庆祝本岛的海战胜利应运而生。她共由六块大理石拼接而成，雕工技艺精湛，整体构架夺人眼球，使得这尊神像成为希腊化时期无可匹敌的艺术瑰宝，是如今卢浮宫镇馆三宝之一。在古希腊，对于“胜利”这一抽象的概念，一直是通过一位长有翅膀的女神从天而降，向胜利者喝彩致敬的艺术手段呈现出来。500 年来，古希腊艺术家忠于这一约定俗成的表现手法，这尊《萨莫色雷斯的胜利女神》也不例外，但因为这是一场“海战”的胜利，所以这尊神像被安排在船头，而不是地面。她的右脚几乎没有碰着船面，似乎被永恒定格在缓缓下落的最后一瞬；她的翅膀仍在伸展，长裙也还在风中旋转；她前胸饱满、腹部细腻，已被海水沾湿的丝绸上衣紧紧地粘贴在女神的腹部，这种名为湿褶法的处理手法完美地展示了女神的身体轮廓与线条；她系着一条希腊长裙，在海风的吹拂下，裙摆翩翩起舞，夹在双腿中具有深层褶皱的部分十分抢眼；舞动的裙摆尾部本是一块厚重的大理石，硬是在艺术家的鬼斧神工

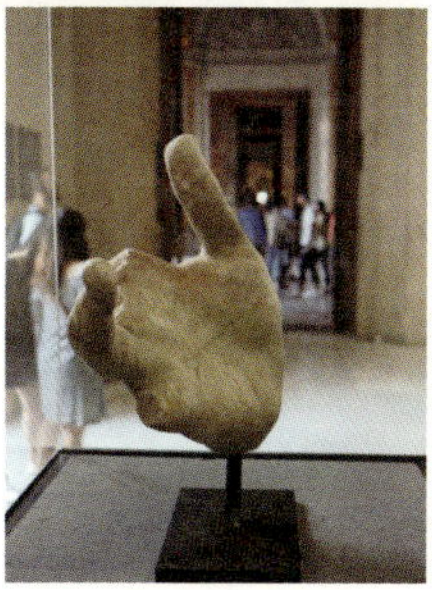

女神的一只手掌在日后被发现，现摆放在雕像左侧

下变成一匹轻如鸿毛的绸缎。像维纳斯一样，女神的双臂早已遗失，但根据古希腊其他胜利女神像可以推断，她正举起略微弯曲的右臂，向胜利者致敬。后期找到的女神像右手手掌现已展示在雕像旁的玻璃柜里，手心向上，拇指和食指间留有较大空隙，可以以此断定她的右手曾持有某件器具，一顶桂冠或者一根从战败方战舰上掰下的船桅，就像古希腊货币上常出现的那样。女神的脚底踩着的是胜利一方战舰的船头，船型底座由 17 块石材拼接而成。在她身后的船头中央，原本矗立着一面战旗，但这木制品随着时间被腐蚀并没有保存下来，虽然如此，在欣赏这件艺术品时，不该遗忘她原本的、浓厚的政治寓意。另外，通过这件作品，我们可以了解到 2000 年前的古希腊人对于力学的掌握已经游刃有余——女神前倾的身躯被稳稳地定格在船型底座上，她厚重的羽翼使她高难度的前倾姿势在垂直面上保持平衡，宽阔的船头底座又保证了整座雕像在水平面上更加稳当。

这件作品的表现力惊人，是公元前 2 世纪兴起的希腊化新雕塑运动中的最佳范例，可惜神像上没有艺术家或工作坊的签名，如今已无法辨别她出自于谁手。

胜利女神翅膀细节

胜利女神腰部细节，湿褶法的运用鬼斧神工

胜利女神裙摆细节，迎风飘舞的裙褶让人称奇

02/《米洛斯的维纳斯》，又名《阿弗洛狄忒》，中文名《断臂维纳斯》

《米洛斯的维纳斯》于1820年在希腊基克拉泽斯群岛东南部的米洛斯小岛上被挖掘出土，故得其名。当时法国驻君士坦丁堡外交官里维尔侯爵为了讨好当时的法国国王路易十八，决定购下这件古希腊文物，并在同一年赠送给卢浮宫。镇馆三宝之一的《米洛斯的维纳斯》自从“入宫”以来，迅速获得世界各地的艺术家与研究者的关注，因为她的断臂给予人们太多的猜想，残缺反倒成为她的独有魅力，临摹者络绎不绝，纷纷拜倒在她的石榴裙下，此等门庭若市的空前盛况在卢浮宫博物馆正式营业的30年来还是头一回。

先来确定一下作品主人公的身份。

因为这件作品并没有出现在任何的史料记载中，所以在艺术史学家把她命名为《米洛斯的维纳斯》之前，对她的身份曾有过多种猜想。首先，这是一尊神像还是人物像？回答这个问题需要观者转到雕像的背后。雕像背部的刻画比前胸明显粗糙得多，可以推测雕像起初是被放在背部不会被展示出来的壁龛里的，而希腊化时期的绝大部分身处壁龛中的雕塑作品都是被人供奉的神祇，所以也能断定这尊雕像是位女神而不是普通王室女性。既然如此，那她到底代表哪一位神？她手里是否拿着某种可以辨别其身份的法器？如果拿着弓的话，便是狩猎之神阿耳特弥斯；如果拿着长矛和盾牌的话，便是智慧女神雅典娜；如何拿着天秤和宝剑的话，便是正义女神泰美斯；如何拿着圣火的话，便是炉灶女神赫斯提亚……然而这些假设都是枉然，因为她的断臂让史学家没有办法通过手持法器来定夺她的身份。学者们只能采取另一种方法——通过观察她还存在的身体其他部位和

艺术家：不详 或 亚历山德罗斯（未经权威认证的普遍观点）
作品时期：希腊化时期
创作年代：公元前 130 —100
尺寸：高 203cm
材质：大理石

阳光射过卢浮宫的巨型玻璃窗打在美神的玉体上，斑驳的光影和洁白的大理石谱出一组绝妙的和弦

分析作品的艺术表现手法来猜测身份。他们根据她柔美的脸部线条、饱满的乳房、结实的腹部、垂垂欲坠的浴裙与其近乎色情的表现手法，最后确定她是身居爱神与美神双位的维纳斯、阿弗洛狄忒。

弄清楚主人公的身份后，来仔细观赏一番作品的细节。

美神维纳斯体高超过两米，由两块大理石拼接而成，细心的观众可以在女神的腰际发现石块拼合的痕迹。美神梳着古希腊时期的发髻，柔软卷曲的长发被一根发带束起，留下几缕散落在颈脖处。她的面容优雅俊朗，线条柔和却不失希腊众神的古风。她微抬下颚、紧闭双唇、目视前方、眼神笃定淡然。高挺的额头和鼻梁，让她看起来更加优雅神圣。维纳斯半裸着身体，不同于普通女子的纤细柔弱，维纳斯的身体健硕有力，肌肉的线条十分明显，她拥有古希腊对人体最高的审美标准。女性之美，从希腊古典时期开始就和孱弱娇媚无关，正是这些硬朗而不失温柔的线条，将女性从容、刚毅的典雅之美演绎到极致。维纳斯的下半身包裹在一条垂垂欲坠的浴裙里，浴裙上的褶皱让浴裙本身看起来轻盈自然。上半身的光滑赤裸和下半身的浴裙褶皱形成鲜明的对比。雕塑家刻意抓住浴裙将要滑落的一瞬间，这已沾湿的浴裙在臀部上的滑动又导致了对于腿部塑造时的刻意收缩，使得这座神像在光影效果下产生了使人冲动的性隐喻，这种近乎色情的艺术表达法在当时的希腊化时期非常受追捧。

女神的两条手臂自始至终都没有被找到，成为人们津津乐道的话题。她手里拿着什么？一个引诱帕里斯选择自己为最美女神的金苹果？一朵玫瑰？一串珍珠？一块镜子？莫衷一是。雕塑最原始的样貌确实已经消失在时间的洪流里，世人再也无法将其重现，可是残缺与遗憾恰恰赋予了她特殊的神秘感，而这神秘感又引起了众多猜测和曝光率，而这曝光率最终造就了她如今在观赏者心中的崇高

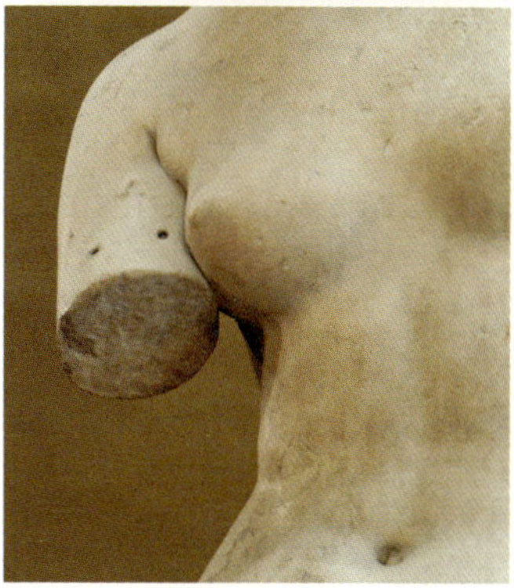

粗糙的维纳斯背部细节透露出作品曾是放在壁龛里供人供奉的

维纳斯浴袍细节

维纳斯的断臂细节，从洞孔可推测她曾经穿戴着臂环

地位，正应验了那句艺术圈内的金句良言：愈是完美中的不完美，愈是让人在心灵深处被触动。

美神不仅少了一双手臂，她身上原本镶嵌着不少珠宝首饰如今也已全部遗失，只剩下镶嵌时留下的洞孔。从它们的位置可以大致推断出，女神曾经至少戴着一只上臂环、一对耳环和一条发带。同时，这尊本该绚丽多彩的美神像由于氧化也失去了所有颜色。这些遗失掉的元素，并没有影响到这件作品的美感，恰恰相反，少了首饰和颜色的美神像，让大理石本身的质感更加突出，让受众更加专注于女神匀称的体型与柔美的线条，可谓是一尊“被时光重塑”的雕像！

了解了作品的细节后，才可以从艺术风格上给她一个最终的定位。西方艺术史学家一致认为她是希腊化时期，古典与创新碰撞下的完美载体。何为希腊化时期？在公元前330年—公元前30年中，地中海地区众多文明（如古埃及文明、小亚细亚文明、古罗马文明）的语言、文字、风俗、政治制度和艺术风格逐渐受古希腊文明的影响，形成新样式，西方史学界称这段时间为“希腊化时期”。简而言之，就是地中海众文明逐渐被古希腊文明同化的时期。《米洛斯的维纳斯》的螺旋形构图法、三维立体的空间概念、高昂挺拔的躯干、柔美和谐的线条、沉着的表情、腰部肌肉线条的突出、腹部与胸部之间的刻意延长，这些元素都是希腊化时期雕塑作品的显著特征，充分反映出当时的审美观。

再好的描述与评价也比不过这尊美神像本身，何不亲自过来品鉴一番？

03/《垂死的奴隶》

文艺复兴三杰之一的米开朗基罗是位多产的艺术家，然而硕大的卢浮宫只藏有他的《垂死的奴隶》和《反抗的英雄》两件雕塑作品。原因很简单，他不像达·芬奇那样晚年投奔法国君主，米开朗基罗一生都未曾离开过意大利。他曾为天主教教廷竭尽心力地绘制梵蒂冈西斯廷礼拜堂的天顶壁画，这鞠躬尽瘁的工作态度有目共睹，教皇也因此对他十分器重。在神权社会有教皇本人撑腰的米开朗基罗何需另谋高就？所以间接导致今日他所遗留的传世佳作鲜少外流他国。

《垂死的奴隶》和《反抗的英雄》原本是用来装饰教皇儒略二世的陵墓，可是在陵墓落成后，教廷以“赤裸”和“奴隶”这两个大不敬的元素为由，拒绝它们进入。米开朗基罗决

艺术家：米开朗基罗
作品时期：意大利文艺复兴
创作年代：1513—1516
入馆年份：1940
尺寸：高 229 cm
材质：大理石

垂死的奴隶整体

定将这两座未完全完成的雕像送给更加开放的法国，一来讨得法国君王的欢心，二来宣泄他对于自己失宠的不满。它们在法国北部各大城堡的壁龛里流浪了整整 400 年后，终于在 1940 年辗转来到卢浮宫。

这两尊雕像在题材和手法都相去甚远，其中《垂死的奴隶》流露出一种痛苦到无法喘息的压迫感，凿刻痕迹更加浓厚，所投入的感情也更加丰沛，整件作品流露出古希腊悲剧英雄式的戏剧性。这位年轻的奴隶以一种极度扭曲的姿势站立着，似乎想要挣脱一道无形的枷锁，却又无能为力。他闭着双眼、紧咬双唇、一手高举在脑后、一手攥住胸口，让受众清楚地感受到他所遭遇的痛苦。他的姿势虽然极度扭曲，但米开朗基罗却让他在失衡中保持平衡，如此手法耐人寻味，雕塑家到底在表述这位奴隶所经历的哪一个时刻？他正在垂死的边缘无力挣扎？他陷入在一场僵局正无计可施？亦或是他刚刚从噩梦中惊醒，还未缓神？似乎皆有可能。他胸口的布带紧紧地缠住他的肉体，压迫着他的灵魂，这正是米开朗基罗斥责现实生活中贵族压迫奴隶的暗喻。

所有的秘密都藏在这件未完成的猴子里

米开朗基罗肖像

这件艺术作品本身的寓意看似并不明确，米开朗基罗为何要为教皇的陵寝打造两尊奴隶像？答案藏在这位奴隶脚边一只还未雕刻完工的猴子身上。这个猴子毛坯诠释着一句拉丁语格言：Ars simia naturae（艺术是大自然中的猴子）。米开朗基罗实际上是想表达艺术源于自然，模仿自然，艺术的本身便是个未完成体，而奴隶在这件作品中象征着被猴子模仿的大自然，或者更近一步说，这件雕塑作品指代了自然、艺术和造物主三者之间的本质上的不同与本质下千丝万缕的联系。奴隶（大自然）永远处于一种被囚禁的状态，而猴子（艺术）和造物主一样是没有形态的，它瞬息万变，是一种超越自然万物的“超然”存在。从这个角度去解读，米开朗基罗为教皇陵墓打造两尊奴隶雕像确实在情理之中，只可惜当时愚昧守旧的教廷仅用肉眼看见作品的“赤裸”与“奴隶”，无法用智慧与心灵参透米开朗基罗在作品下埋藏的深意。

04/《沉睡的赫马佛洛狄忒斯》

1807 年，拿破仑一世从意大利著名艺术收藏世家博尔盖塞手中购买到这件珍品，并放置卢浮宫后，便迅速掀起了轩然大波。不仅因为作品本身美轮美奂，还因为这尊雕像具有阴阳同体的特殊生理特征，让世界再一次感受到古希腊文化的包罗万象。

在古希腊神话中，赫马佛洛狄忒斯是商业和偷盗之神赫尔墨斯与爱情和美丽之神阿芙洛狄忒之子，也是希腊神话中唯一一位阴阳神。

赫马佛洛狄忒斯本是一位俊美的青年。某天，当他穿越一片茂密的森林时，饥渴难耐，东寻西觅后终于找到一片清澈的湖水，他正弯腰汲水，却发现湖水中藏匿着一位温婉的仙女。湖中仙女萨耳玛西斯也注意到这张俊俏的容颜，便浮出水面。他们攀谈片刻后，萨耳玛西斯就被这位谈吐文雅的俊俏男子所深深吸引，迅速坠入爱河。可赫马佛洛狄忒斯高傲地拒绝了她的示爱，自尊心受辱的萨耳玛西斯悲愤交加，不顾青年反抗，将其紧紧地搂住，疯狂地亲吻他，并向奥林匹斯的诸神祈求要“永远”与他在一起，即使付出生命的代价。诸神被仙女的固执所打动，不仅遂其心愿，还顺便开了个不大不小的玩笑——他们把萨尔玛西斯和赫马佛洛狄忒斯彻彻底底地结合成一体，让他们“永生永世”不得分开。在他们双体合一后变成了名副其实的“阴阳同体双性神”。

艺术家：
（主体部分）不详
（床垫部分）吉安·洛伦佐·贝尼尼
作品时期：
（主体部分）希腊化时期
（床垫部分）巴洛克时期
创作年代：
古罗马时期仿造公元前二世纪古希腊的复制品
（床垫部分）1620
尺寸：169cm×89cm
材质：大理石

贝尔尼尼肖像

宁静的表情和姣好的面容

女性乳房和男性生殖器的阴阳同体

撩人的睡姿凸显艺术家的戏剧夸张力

登峰造极的巴洛克艺术大师贝尔尼尼给一块冰冷、厚重、粗糙的大理石注入了生命，幻化成一张柔软舒适的床垫

其实在古希腊时代，“阴阳同体”的雕塑作品非常普遍，通常以带有男性生殖器的少女形象出现，是古希腊人对自足、力量、全能，不懈追求的具象表现。如今赫马佛洛狄忒斯的名字在西方世界里成为“阴阳同体”的代名词。眼前这尊《沉睡的赫马佛洛狄忒斯》体态优美、玉峰挺拔、面部线条柔和、女性特征丰富，他（她）胯下的男性生殖器是唯一能识别其特殊身份的参考物。

这尊雕像在 1608 年罗马的戴克里先温泉出土后不久，教皇就下令让当时炙手可热的雕塑家贝尔尼尼为这

尊呈俯卧姿势的《沉睡的赫马佛洛狄忒斯》制作“一处可以安心寝息的地方”。这位登峰造极的巴洛克艺术大师便给一块冰冷、厚重、粗糙的大理石注入了生命，幻化成一张柔软舒适的床垫，这等出神入化的雕工让观者直观地领会到巴洛克艺术的灵动与绝妙。这张巧夺天工的床垫与赫马佛洛狄忒斯光滑的肌肤、优雅的体态和柔美的背部曲线非常契合，如此跨越千年的“合作”堪称人类艺术史上的一绝。

05/《丘比特之吻》

《丘比特之吻》是意大利雕塑家安东尼奥·卡诺瓦成名作。卡诺瓦生活在巴洛克主义末期，此时的意大利正逐渐步入以复兴古典文化为目标的新古典主义浪潮，他的作品不论是在取材上还是在手法上都流露出新古典主义的端倪。

作品取材于古罗马神话中一段感人肺腑的浪漫爱情故事。很久很久以前，亚平宁半岛上住着一位可与众神媲美的凡人公主——普赛克。她非凡的美貌让司掌爱情与美丽的女神维纳斯妒火中烧，在妒火驱使下，维纳斯命令她的小儿子丘比特用情箭射中普赛克，从而让她爱上世间最为丑恶卑鄙的冥府之神普鲁托。万万没想到，洒脱不羁的丘比特居然对活泼可爱的普赛克一见钟情，不仅没有伤害她，反而把她秘密地带到了自己的神殿，并背着众神娶她为妻。由于丘比特不能让肉眼凡胎的普赛克知道自己的神族身份，所以只能选择在漆黑的夜晚陪伴其左右。因此她常常倍感孤单，恳求丈夫允许她两位姐姐来神殿做伴。狭隘心肠的姐姐们发现小妹居然居住在如此恢宏的宫殿后，心生妒忌，想方设法挑拨关系："你丈夫只在深夜探望你，难不成是个尖嘴猴腮的大恶魔？"单纯又善良的普赛克开始怀疑她的爱人，便乘丘比特睡觉时点亮油灯偷窥他的容貌，才知他原来是位长着翅膀的英俊少年。普赛克欣喜万分，不小心将灯油滴到丈夫的脸上。被惊醒的丘比特斥责她不信守承诺，愤然离去。琼楼玉宇也好、亭台楼阁也罢都随之消失，普赛克发现自己孤零零地躺在一片荒野里。悲痛欲绝的她开始疯狂地寻找自己的丈夫，不知不觉来到维纳斯的神殿。为了彻底毁灭她的宿敌，维纳斯给她布置了一次又一次艰巨又危险的任务，可普赛克却一一接受，希望她的努力能够让丘比特回心转意。最后一项任务是在冥界的死河里取一瓶黄泉之水，普赛克披荆斩棘，排除万难，

卡诺瓦自画像

艺术家：安东尼奥·卡诺瓦
尺寸：155cm x 168cm x 101cm
作品时期：意大利新古典主义
创作年代：1787—1793
材质：大理石

《丘比特之吻》整体

终获成功。可就在归途中，又一次在好奇心的驱使下，普赛克扭开黄泉水瓶，阴曹地府的恶鬼源源不断地从瓶口逸出，吸取她的灵魂，很快，普赛克就变成了一具睡尸。此时，幡然醒悟的丘比特到处寻找普赛克，终于在黄泉路上找到了僵睡的爱人，他后悔万分，噙着泪水无限柔情地给了爱人最后一吻，可就是一吻激活了普赛克沉睡的灵魂，让她苏醒了过来。奥林匹斯众神被这对情侣至死不渝的爱情所打动，赐给普赛克一碗长生不老羹，并封她为灵魂女神，普赛克和丘比特从此得以在天庭长相厮守。

这座《丘比特之吻》雕像将爱与美两大经典主题演绎得淋漓尽致，完全没有辜负这则爱情故事的深度，卡诺瓦敏锐地抓住丘比特亲吻爱人的感人一瞬，并赋予它动感与生命。丘比特怜惜地搂着自己的爱人，普赛克的长发温柔地垂在他的膝上。他向她倾诉着自己的爱意和悔意，俊美的脸上写满了缠绵与温情。而历经千辛万苦的普赛克从沉睡中苏醒，再一次见到久别的爱人，她情不自禁地回搂住丘比特，含情脉脉地迎向他爱意缠绵的吻，这一吻她已经期盼了太久，所有的苦难与委屈都在爱人深情的一吻里获得救赎。如此扣人心弦的仙凡之恋真叫人羡慕。

整件雕塑作品采用白色大理石一气呵成，线条平滑。两位主人公的脸部线条细腻流畅，充满了古典雅致之美。从普赛克柔软的身体上滑落的衣摆，优雅翩跹，她此时虽是一介凡胎，却也带着神明的仙气。丘比特展开的双翅似乎还在风中微微轻颤，充满了动态感。整件雕塑作品看起来轻盈唯美，贴合古希腊神话的浪漫意境。除此之外，才思敏捷的卡诺瓦还不忘雕出丘比特箭筒上面镌刻着普赛克名字缩写的花体文、箭筒下方装着黄泉之水的水瓶……这些细节不仅让这件作品更加合理完整，而且让这一座静态的石雕变幻成一幕幕生动的戏剧，历历呈现在观者心海。

6 古埃及馆

古埃及是一个令人向往的神秘国度，其子民的科技水平领先同期其他文明上百年，金字塔的建筑水准更是让周边民族望尘莫及。埃及作为四大文明古国之一，她饱受磨难、频繁易主，曾被古希腊人、马其顿人、古罗马人、波斯人、奥斯曼土耳其人和如今的闪族阿拉伯人统治，而古埃及原始文化也已彻底断层灭绝，却给世人留下诸多珍宝和不解之谜。

埃及从 18 世纪末至 19 世纪中期曾是大不列颠帝国的殖民地，在被英国人殖民的 70 年里被迫往英格兰输送了大批古埃及文物，因此大英博物馆理所当然藏有世界上最多的古埃及艺术品。法兰西帝国曾作为世界上第二大宗主国，也同样通过强行低价转卖等不法手段，在埃及搜刮了大量珍宝，其总数仅次于大不列颠。卢浮宫目前藏有大量的古埃及石棺、炊具、祭器、武器、壁画和木乃伊。此外，卢浮宫学院古埃及学科的学术造诣炉火纯青，研究员们已破译出大半古埃及象形文字，大大减少了卢浮宫古埃及藏品的解读难度，使得游览体验更加顺畅自如。

法老冠冕

古埃及祭祀活动

动物木乃伊

陵墓圣兽斯芬克斯

艺术家：不详
作品时期：埃及古王国时期约第三或第四王朝
创作年代：约公元前 2600
出土年份：1825
尺寸：183cm x 480cm x 154cm
重量：40000kg
材质：花岗岩

01/《坦尼斯的斯芬克斯》，中文俗名《狮身人面像》

这尊《坦尼斯的斯芬克斯》距今已有 4600 年的历史，狮身人面，威风凛凛。古埃及中王国时期的阿门哈特二世法老（隶属第十二王朝）、新王国时期的麦伦普塔法老（隶属第十九王朝）和第三中间期的舍顺克一世法老（ 隶属第二十二王朝）都曾在它的身上镌刻铭文。

希腊语中的斯芬克斯通常用来指代古埃及拥有狮身和人首的神兽。从词源上来看，Sphinx 最早来自古埃及本土方言 Shesep—ankh，即“活图像、活石头”，是描述此类守护神兽像最适当的词语，代表斯芬克斯随时可以从壁画里或者石像里复苏，攻击僭越者。狮身人面象征着埃及太阳神、造物主“拉（Rê）”

代表法老至高无上的“权利三件套”——头顶蛇纹装饰、方巾皇冠头饰、山羊直筒胡须

（狮身）和法老（人面）之间的密切关系，可以把它理解为古埃及法老的最初原型，因为法老们都自认为是古埃及神谱中的主神“拉”的直系子孙。狮身人面像在古埃及的地位极其重要，是城门、陵墓、宫殿入口的守护神兽，起到威慑僭越者的作用。眼前这尊呈伏卧状的狮身人面像处于和平模式，而处于战争模式的狮身人面像通常面目狰狞、张口咆哮、踩着敌人头颅，这时候的它是古埃及的战神赛特的得力助手，抵御来自古埃及领土以外的一切敌对势力。

眼前的这尊《坦尼斯的斯芬克斯》是在埃及境外现存最大的一尊狮身人面像，它于1825年在位于尼罗河三角洲的废城坦尼斯遗址里被发现，故得其名，它在出土后不久便运至卢浮宫。古埃及工匠打磨石材的高超技艺让欧洲学者赞口不绝，狮身毛发的精细度反衬出雕像本体的厚重感。虽然狮子呈现俯卧的状态，但它身躯紧绷、爪子锋利并向前伸出，似乎它随时可以蹦弹起来，撕碎所有胆敢逾越宝殿圣陵的不法者。在神兽四只爪子旁边的基座上，分别雕有一个古埃及象形字 （发音“Shen”），这个椭圆形漩涡状的象形字是古埃及皇族的独有符号，由此可以确认这尊斯芬克斯是用来装饰皇亲贵族的陵墓。

当一座狮身人面像用作陵墓神兽，护佑法老自己的陵寝时，它的头部通常以已故法老的面貌雕刻。但有意思的是，这尊狮身人面像，与任何已知的古埃及法老的肖像都不一样。除了它身上有代表法老至高无上的“权利三件套”——头顶蛇纹装饰、方巾皇冠头饰、山羊直筒胡须——之外，没有任何指代物可以帮助考古学家辨认它到底代表的是哪一位已故法老。而之前所提到的三位法老的铭文都是后期刻上去的，他们是名副其实的“篡夺者”。现代考古学家通过碳十四检

这个圆形下方带横线的象形字
Shen 是古埃及皇族的独有符号

测得知，《坦尼斯的斯芬克斯》比这三位法老的生活年代久远得多，创作于公元前 2600 年左右的古王国时期。这种附庸风雅的习气和明朝、清朝皇帝爱把自己的印章加盖在唐宋名画上如出一辙——都希望在属于先辈帝王的宝物上留下自己的印记，使自己永存不朽。可是古埃及法老们比明清两朝皇帝更加贪婪，他们索性直接用锉刀抹去这尊狮身人面像上本尊法老的铭文（至今还能清楚地看见锉刀留下的痕迹），在其之上镌刻自己的名字，这种做法在古埃及其他墓葬艺术品中屡见不鲜。因此，再也没有人能够确认这尊是神兽原本的归属者，它是艺术史上的一个谜。

02/《盘腿抄写员》

这尊古埃及人物塑像距今已有 4600 多年的历史，由法国考古学家于 1850 年在埃及萨卡拉的神庙中发现。1854 年法国政府将其高价收购，摆入卢浮宫。

抄写员在黑色的基座上盘腿而坐，正在记录法老口述。他右手的食指与拇指之间曾拿着一支芦苇笔，因风化原因如今消失，只剩下这两指之间的空隙。在他的缠腰布上放着半卷着的、用来记事的纸莎草。雕刻师用线浮雕的形式把他的一头黑色短发塑造得有模有样，耳朵的塑形也细致入微，把他典型北非人的脸型特征丝毫不差地表现了出来。抄写员棱角分明的脸相当憔悴，高颧骨和陷下去的脸颊表明他精明能干。鼻子和嘴巴雕工精美灵巧，眉毛则用颜料在眼皮上巧妙地一画了之。雕塑师在他的眼眶里曾镶嵌水晶，使他的目光炯炯有神，可惜水晶眼珠在出土后的运送过程中遗失，很有可能被运输工窃走。他身躯略显肥胖，腹部和臀部均有些许凸起，也没有很明显的肌肉组织，这些特征证明这位文官曾生活在富贵优裕的环境里。手臂自然地垂落在身体两侧，双手也雕刻得极其精致，每一根手指都有微妙的变化。相比之

盘腿抄写员

艺术家：不详
作品时期：埃及古王国时期第五王朝
创作年代：约公元前 2600
出土年份：1850
入馆年份：1854
尺寸：53.7cm x 44cm x 35cm
材质：石灰岩、石英石、铜

下，腿部的塑形较为简略，而且仅雕出了三根脚趾。有趣的是，抄写员的乳头并非像他的眉毛一样是简单的颜色涂抹，它们是用碎木黏贴上去的。

虽然这件雕塑品的整体姿势略显僵硬，但无与伦比的细节处理，手和躯干的平衡掌握，并且能抵抗时光的蚕食，明亮的色彩保持至今，使它成为古埃及现存的雕塑珍品。

这位主人公的具体身份已无法考证，因为既没有任何史料记载过这件作品，也没有在它身上找到任何题名。在古埃及的雕塑艺术中，主人公的名字一般会用象形文字刻在雕像基座，但是这件作品的基座在发掘过程中丢失了。但他一定是位重要人物，绝非普通官员，因为抄写员是古埃及旧王朝时期的社会精英，甚至法老的儿子也时常担任此职，加上这件作品雕工出众，史学家估计他很可能是古埃及第四王朝或第五王朝的某位王子。

03/《木乃伊》

这具保存完好的木乃伊源于古埃及托勒密王朝，在这个时代的古埃及奉行用亚麻细带精心包裹尸体，并绘上冥界图案来保护亡灵。这具木乃伊有一个与众不同的地方：除了基本的亚麻布细条，处理尸体的工匠还用了质地类似硬纸壳的纤维制品对它进行再一次装饰性的包裹。

根据 X 光射线检查的结果，这具木乃伊是位成年男子。他的名字被制作木乃伊的人用古埃及象形文字匆匆写成，因字迹模糊，给考古学家带来辨别困难。如今有两种拼读方式被普遍接受，分别是帕薛黎和讷努。他的脸上戴着一张纹理和谐的面具（现已搁置一旁），上绘有一只带翅膀的甲虫，象征着重生。

古埃及人对于永垂不朽，灵魂转世的向往寄托在繁复的木乃伊里

面具和项链被搁置一旁让观者更容易钻研其细节

艺术家：不详

作品时期：托勒密王朝时代

创作年代：约公元前 3—前 2 世纪

尺寸：高 166cm

材质：亚麻布、灰浆、纸板

能覆盖全胸的宽大项链（现已搁置一旁）由几排珍珠串联而成，扣环显出猎鹰的形状。缠绕他的身体的围裙编织细腻，其上绣有母神伊西斯、死者守护神奈芙蒂斯以及法老的守护神荷鲁斯的四个儿子。最后在裹脚盒上绘着冥界之神阿努比斯。在这些图示旁，均撰写着神灵的名字，代表死者已把自己托付给了众神，希望他们能仁慈地审判他，保佑他在冥界的生活安康，等待下一次重生。

在古埃及保证尸体不腐是成功重生的必要前提，而木乃伊是在人工防腐操作下长久保存尸体的唯一方式，但不是每个人都可以在死后被制作成木乃伊。绝大部分古埃及人在死后只可土葬在撒哈拉大沙漠中的沙坑里。史上第一批木乃伊虽然被制作得简单朴素（仅用被树脂浸渍过的亚麻布包裹），但有且只有法老可以“享受如此待遇”。随着时代的发展和生产力的提高，这种墓葬方式变得更加繁复花哨，并在上流社会的达官贵人中得到普及。尤其从古埃及新王朝时代起，木乃伊数量急速增加，虽然质量参差不齐。而且在不同的历史时期，木乃伊制造者还偏向用不同的元素来装饰死者，例如衣服、串珠、渔网、面具、装饰木板或纸板。比如在托勒密时期，人们会在木乃伊下葬入棺前，用绘制好的纸板将其再次包裹，正如眼前这具。

古希腊历史学家希罗多德曾在公元前450年访问埃及，并给后人留下一段详细的木乃伊制作程序：“当古埃及墓葬艺术发展到顶峰的时候，共有三套不同的木乃伊制作方法。其中最完善的是，首先去除尸体即将腐化的大脑和内脏，并保存于以人或神兽头像为罐盖的瓦罐中，俗称内脏罐。然后用棕榈酒洗涤身体内部，放入压碎的末药和芳香剂用来除湿除臭。最后用泡碱覆盖身体七十天，以使尸体加速脱水。在整个过程结束后，祭司们念诵经文，并在尸体空腔内放入护身符，再用被树脂浸渍过的亚麻布紧紧包裹尸体，放入石棺，这便是木乃伊永存不朽的秘密。”

7

中东馆

中东，是西方世界对夹在幼发拉底河和底格里斯河的美索不达米亚平原的称呼，而在“远东”中国，人们称此地为西亚，她是孕育两河流域众文明的摇篮。她得天独厚的地理位置和肥沃的农耕土壤催生了一批世界上最古老的文明——苏美尔文明、阿卡德文明、古巴比伦文明、古亚述文明。

苏美尔人在公元前 3200 年发明了世界上最早的语言符号——楔形文字，建造了世界上第一座城市、第一座的学校、第一座的图书馆，编制了人类历史上第一部法律。巴比伦国王尼布甲尼撒二世曾为缓和来自异乡妻子的思乡之情，兴修

“古代世界七大建筑奇迹”之一的巴比伦空中花园，这个美丽的故事家喻户晓。

遗憾的是，两河流域众文明早已覆灭，如今只能在她留下来的大量远古文字记载材料中回味她曾经的辉煌。在美索不达米亚平原的出土文物中，陶器、壁画、玻璃器具、滚筒印章、象牙雕刻、石雕、镶嵌画、青铜器、金银工艺品和琉璃砖都具有相当高的艺术水准，也同样是破解早已灭绝的两河流域文明的关键所在。

收藏古代中东文物的博物馆在全球屈指可数，卢浮宫首当其冲，甚至是当今伊朗和伊拉克人了解自己先祖文化的朝圣地。卢浮宫中东馆的位置离《蒙娜·丽莎》所在的西洋画馆最远，所以此地总是异常清静，制造出一股特殊的神秘气场。站在古巴比伦数十米高的彩绘城墙下，浸沐在苏美尔人的智慧中，安静地感受一番千年文化的厚重吧！

01/《汉谟拉比法典》

公元前 18 世纪初，古巴比伦王国崛起，汉谟拉比是巴比伦城邦的第六任国王。在他领导下，古巴比伦一跃成为囊括整个两河流域的帝国。为了强化统治，汉谟拉比制订了世界上古代第一部比较完备的成文法典——《汉谟拉比法典》。他还利用宗教来巩固自己的政治，称自己是神宠爱的人。

汉谟拉比法典是两河文明的标志性里程碑。它的出现改变了美索不达米亚平原古代时期的艺术、文学和法律风貌，这部法典在当时的重要性堪比当今伊斯兰世界的《可兰经》。公元前 12 世纪被埃兰国（波斯帝国的前身）的王子运送到首都苏撒（当今的伊朗西南角），上个世纪初苏撒古城遗址重新发掘出土。

顶部雕刻细节

左图：法典整体
中图：阿克拉文字
右图：楔形文字

艺术家：不详
资助人：汉谟拉比国王
作品时期：古巴比伦第六代国王时期
创作年代：公元前 1792—1750
出土年份：1901
尺寸：225 cm x79 cm x47 cm
材质：玄武岩

汉谟拉比法典不仅是人们研究古代巴比伦经济、政治、法律制度的极其重要的文物，同时还是古代巴比伦艺术的代表。因为古巴比伦王国流传下来的艺术品十分罕见，所以这块石碑愈加显得弥足珍贵。石碑雕刻精细，肌理平滑，用楔形文字和阿克拉文字刻满了 280 条法律条文，对刑事、民事、贸易、婚姻、继承、审判制度等都作了详细的规定。石碑的最上部刻着两河流域代表正义的太阳神和法律之神沙玛什向汉谟拉比国王授予法典的场景浮雕。太阳神形体高大、胡须编成整齐的须辫、头戴螺旋型宝冠、右肩袒露、身披长袍、正襟危坐，他的宝座像古巴比伦的塔寺，表示上面所坐的是最高神，他正在授予汉谟拉比象征权利的法典，使得这部法典更加神圣，被神化的文字自古以来更容易被大众所接受。而汉谟拉比国王头戴苏美尔传统王冠，神情肃穆并举手宣誓。

汉谟拉比国王在公元前 18 世纪的锡帕尔下令制作这部玄武岩石碑法典，锡帕尔正是太阳和法律之神沙玛什的驻地。而且有史料记载，该石碑的其他副本分散在王国每一个人口过万的城市中，可惜均已失传，眼前这块《汉谟拉比法典》是唯一一块现世流传的古巴比伦石碑，其重要性由此可见一斑。它是古代中东最重要的法律汇编，在犹太人写《圣经·旧约》的 500 年前就已经起草，是人类现存的最早的法律文书，而且它深刻地影响了《圣经·旧约》法律板块的撰写。众所周知，《圣经》这本全球销售量最多的，集宗教、历史与文明为一身的“史诗”构架了今日的西方文明与世界观，换句话说这块近 4000 年历史的《汉谟拉比法典》，不仅间接影响了当代西方文明的走向，而且还是当今西方价值观最原始的雏形。

来看看这块石碑到底在讲什么。

它共分三个板块，分别用楔形文字和阿克拉文字撰写。

第一板块用序言的形式讲述着汉谟拉比国王的登基大典，称这位君主为“弱者和被压迫者的保护者”，并叙述了其帝国的形成和君主在王国形成阶段所作出的贡献；

第二板块用抒情体的形式总结出汉谟拉比国王一生所取得的丰功伟业并为其子嗣的王权合法性作出铺垫；

第三板块是整座石碑最重要的部分，用当时的日常用语撰写出古巴比伦王国的秩序规范，并且对文字进行了刻意简化，目的是让所有平民都能充分理解法典内容，让它得以迅速普及并且贯彻执行。280 项法律法规广泛涉及 4000 年前的古巴比伦人民日常生活的各个方面。内容从个人行为准则、家庭责任、职业操守，到对于国家的义务都清楚地按照章节分类记录在案。家庭作为巴比伦社会最基本的单位，成为整部法典最重要的一章，它涉及订婚、结婚、离婚、通奸、乱伦、收养、继承、抚养子女等多个方面。

《汉谟拉比法典》意义非凡，涵盖了刑法与民法，制定了经济措施，确定了物价与工资，而且还是现代人了解古巴比伦时代的政治、经济、社会、宗教的唯一文字史料。它在 4000 年前所制定出的法规，如盗窃他人财产必受惩罚、损毁他人财产要给予赔偿、诬告和伪证会被反坐、法官枉法会被重处等，被西方社会沿用至今。

右图：侧面看过去呈现行走状
左图：正面欣赏时呈现休息状

艺术家：不详
作品时期：新亚述帝国时期
创作年代：公元前 721—前 705
出土年份：1843—1844
尺寸：420cm x 436cm x 97cm
材质：高浮雕与石膏

02/《带翅膀的人面牛身像》，又名《拉马苏》

拉马苏源自于美索不达米亚平原的底格里斯河重镇尼姆鲁德，是西亚古国亚述的最重要守护神兽，相传它可以消灭任何侵犯亚述王国的敌人，因此它的塑形通常出现在亚述各大城市的城门口，起震慑作用。这个西亚保护神由人类头颅、公牛躯体与巨雕羽翼三个艺术符号的组合，与北非埃及的斯芬克斯——狮身人面神兽有异曲同工之妙。斯芬克斯可以用狮爪撕毁敌人，而这位西亚拉马苏以巨雕的速度和公牛力量制胜，各有千秋。

当萨尔贡二世在公元前 713 年迁都杜尔舍鲁金后，便迅速下令在新皇城周围砌起护城墙，城墙共设七扇城门，在每扇城门两侧沿墙体雕起一尊拉马苏护阵，所以这些拉马苏高浮雕不光起到装饰作用，实际上还承载了一部分城墙的重量。从1843年起，法国考古学家保罗·埃米尔·博塔开始挖掘杜尔舍鲁金遗址，陆续往卢浮宫送入亚述古国的文物。眼前这尊拉马苏是此地第一批出土文物，也是当年 14 只护城神兽之一，工匠一气呵成在城墙体上雕出这尊巨型高浮雕，没有任何拼接，着实值得称赞。它的长与宽不仅各超四米，而且最厚可达一米，如此规格的高浮雕实属罕见。尤其是它的头部可被 360 度观赏，此等登堂入室的高超技艺已然脱离了浮雕的概念，达到三维的雕塑高度，在萨尔贡二世时代，此类高浮雕与雕塑相结合的创作手法非常普遍。

仔细看看这位守护神的艺术语言。

拉马苏的人首通常按照古亚述男性皇族的面容翻制；它脸颊两侧的胡须打磨得异常细腻，可以清楚看到工匠的刀工；它的眼睛炯炯有神，生动自然，浓密的连心眉直伸鼻翼；在精美的髭胡下嘴唇微微上扬，似乎略带笑意，这是古西亚地区的守护神独有的表情特征；它的胡须鬓角的雕工华丽精美，发式反映出古亚述男性的审美标准。牛角在西亚象征着神权，拉马苏拥有三对紧紧缠绕在发髻的牛角，并且覆盖在象征王权的羽毛桂冠之下。

拉马苏的巨雕羽翼栩栩如生，可由于侧面浮雕的局限性，只显示出其中一只。翅膀向上伸展，似乎告诫众人守护神随时准备飞离地面，生擒越界者。翅翼宽大、羽毛丰富，衬托出守护神的重要身份。

拉马苏的牛身被工匠塑造得十分精确，圆润厚重，却不失灵气。防护盔甲覆盖整个躯体，从前胸、背部一直延伸至大腿。守护神长长的尾部顶端被工匠施加了金属链，可想而知，当它用尾部扇击敌人时会造成多大伤害。工匠煞费苦心给守护神“打造”这一套装甲，目的是为守护神可攻可守的特性埋下伏笔。更有意思的是，仔细一数，它居然有五条腿，这看似不符合逻辑的误笔实则是雕工经过深思熟虑后的巧思：这使它能够呈现出一静一动两种状态：从正面欣赏时，它可呈休息状；从侧面欣赏时，又可呈行走状。此作品藏有一个鲜有人知的小秘密：守护神的后腿之间刻有两行十分隐蔽的铭文，一行是对本国君主的美德致敬，一行对胆敢破坏这座城池的外族人施以诅咒。

沉淀着人类千年的文化记忆的卢浮宫在余晖下和追逐艺术的我们告别，虽然博物馆的旅程接近尾声，但我们的艺术冒险之旅才刚刚开始

Part 3
沉沦巴黎这场梦

巴黎，这个举世无双的美丽都会，让世人无限向往。人们赠给她无数个雅号：艺术之都、时尚之都、美食之都、浪漫之都、不夜城、爱之城等等。然而没有任何一个名字能够概括她千变万化、无穷无尽的魅力。

画家村
红磨坊
达利空间
国家歌剧院
卢浮宫
铁塔
巴士底
圣母院
塞纳河
左岸咖啡
拉丁区

Carte de PARIS

戴高乐机场

酒吧区

巴黎在16世纪至19世纪期间曾是世界上最繁华的城市，如今也是全球重要的政治、文化中心，她在教育、娱乐、时尚、科学、媒体、艺术、金融等方面也有重大影响力，与纽约、伦敦、东京及香港并列成为世界五大国际级大都市。许多国际组织纷纷将总部设立在巴黎，其中包括联合国教科文组织、经济合作与发展组织、国际商会等等。她是欧洲第一大城市经济体，她的商业区拉德芳斯也是欧洲最大的中央商务区，她所在的法兰西岛大区贡献法国四分之一的国内生产总值。

平均每年有4200万人造访巴黎，让她成为全球访客量最高的城市。她包含3800个法国国家遗产与4个世界人文遗产，所涵盖的艺术瑰宝更是数不胜数。许多脍炙人口的电影也以巴黎为故事背景，例如由好莱坞导演伍迪·艾伦 执导的《午夜巴黎》、由妮可·基德曼主演的《情陷红磨坊》、由丹·布朗小说改编的《达·芬奇密码》都把巴黎推向世界文艺的最前沿。另外，由20位国际导演合作拍摄的短片集《巴黎，我爱你》更把她的风采演绎得惟妙惟肖，导演们用不同的语言，从各自的角度阐释了巴黎的灵魂。

让我们以巴黎的地标建筑和藏在她体内的艺术瑰宝为线索，试着揭开她神秘的面纱。

1

帝都荣光

不像伦敦曾被1666年的大火摧毁，也不像里斯本被1755年的大地震破坏，巴黎自中世纪以来一直保留着她原本的面貌。她一面利用悠久的街道珍藏着历史的印记，一面利用奥斯曼式建筑群打造属于自己的新风格。作为法兰西殖民帝国的首都，她从19世纪起不断收纳世界各地的战利品，丰满了自己多元化的羽翼，例如，造于公元前1290年的埃及方尖碑如今就矗立在协和广场上，成为巴黎全市最古老的地标。

然而美丽辉煌的背后也藏着一个鲜有人知的秘密：18世纪的巴黎市中心还是拥挤不堪、阴暗危险、杂乱脏臭的。法国空想社会主义学家维克多·孔西德朗曾在《巴黎人》日报上发文感叹："巴黎像一个臃肿又腐烂的车间，苦难、害虫与疾病一齐出动，光和空气都难以穿透。"确实如此，由于本地生育率持续增高，新修的铁路又陆续送来外地移民，那些狭窄的、错综复杂的巴黎小巷永远弥漫着令人窒息的恶臭。直到十九世纪，巴黎市长奥斯曼男爵受命于拿破仑三世，为巴黎设计出全城改建规划图，巴黎的整体城市风貌才得提升。在随后的17年里，她在奥斯曼男爵的筹画下破茧成蝶，从中世纪城市蜕变成为现代化大都会。一座美丽都市的命脉取决于

蒙帕纳斯大楼是巴黎老城区第一座获得特批，打破巴黎天际线的建筑

巴黎整齐划一的奥斯曼建筑是她的城市语言

浸透其中的文化，巴黎之所以享有文艺之都的美誉，除了自带的浪漫情怀和丰富的艺术瑰宝之外，奥斯曼男爵领导下的城市改建也起了至关重要的作用——宽阔的林荫大道、灰白蓝三色楼宇、铁艺镶花阳台、厚重橡木大门，这些元素一改巴黎往日的破败景象。

值得注意的是，法兰西第二帝国的下议院直接把奥斯曼男爵的巴黎规划提升为法律条款，此律法在今日法兰西第五共和国仍然有效，也一直被巴黎人严格遵守。它规定：政府与个人无权拆除条件良好的现有建筑；危房在拆除前必须保留建筑外墙，并且按照原模型重建，保证巴黎奥斯曼建筑风格的整体统一；对于高度超过 37 米的楼宇只在特殊情形下才被允许建造，保证巴黎的天际线不被破坏；在未获得房管局同意前，对巴黎建筑外墙的任何私自变更（即使建筑物所有者本人）均视为非法，将受到严厉制裁；必须定期清洗建筑外墙，费用由楼房住户分摊……如此苛刻的条款放在迅速崛起、日新月异的发展中国家似乎无法想象，但也多亏法国政府与巴黎民众对古建筑的热情与尊重，才造就了这世间独一无二的美丽城池。

凯旋门在夕阳下书写着帝国往日的荣光

01/ 凯旋门

1805年，在奥斯特里茨战役的前夕，拿破仑一世向将士们宣誓：“等到回家的那一天，你们定要全部从凯旋门下昂首挺胸地归来。”这一番豪情壮志道出了他对于这场战争的胜利决心。果不其然，拿破仑通过这场以少胜多的经典战役一举歼灭德奥俄三国联军，法国军队告捷，奠定了法兰西帝国在欧洲大陆的霸主地位。可是这座世上最大的凯旋门，一建就是30年，竣工之际，这曾为国家立下丰功伟业的一代霸主早已失势，被新政府流放到大西洋的圣赫勒拿岛，并在英国人的软禁中黯然谢世。真是造化弄人，凯旋门迎接了一批又一批的访客，却终究没有等到它主人的归来。

代表《马赛曲》的浮雕让人想起法国国歌的激荡澎湃

凯旋门上镌刻着为法兰西牺牲的伟人的名字

气势恢宏的巴黎凯旋门散发着新古典主义气息，其高49米，宽44米，长22米，整个建筑如果算上新增的加固部分重达10万吨。凯旋门上的雕塑群寓意深远，光从其名便可以窥见一斑：

凯旋门所在地，旧称“星形广场”，12条林荫道呈辐射状延伸开来

弗朗索瓦·吕德的《马赛曲》、让·皮埃尔·科特的《胜利》、昂图瓦纳·艾戴克斯的《反抗》与《和平》。其中充满浪漫主义风格的《马赛曲》声名远扬，作品与法国国歌同名，意在具体呈现歌词所描述的那般雄壮之景——法国人民团结一致，无畏牺牲，可为祖国抛头颅、洒热血。

凯旋门实为一座巨型纪念碑，梁柱内壁上刻有法国历朝历代各大战役的名称，拱门内侧也镌刻着法国重要历史人物以及为国捐躯的英雄们的名字。凯旋门的正下方，是1920年11月11日建造的无名烈士墓，碑上嵌着红色的墓志铭“这里安息着一位为国牺牲的法国军人，1914—1918。”墓中长眠着一位在一战中牺牲的无名战士，他象征性地代表在大战中死去的150万法国官兵，墓前燃着一簇不灭之火，永远祭奠着他们的灵魂。

此外，凯旋门所在的戴高乐广场最能够体现奥斯曼愿景的伟大之处，12条林荫大道呈辐射状延伸到城市各处，恰如其旧称“星形广场”所形容一般，成为最能代表法兰西帝国往昔荣光的地标。

巴黎人雷打不动会在每年最后一个夜晚来此观看凯旋门上的新年灯光秀，届时，戴高乐广场和香榭丽舍大街定是摩肩接踵、水泄不通。数十万人一齐呐喊倒数，迎接新年，好不震撼！

地址：Place Charles de Gaulle，75008 Paris
营业时间：每天10：00—22：30
电话：+33（0）1 55 37 73 77
网址：http://www.paris—arc—de—triomphe.fr

左图：法国国旗在凯旋门迎风飘扬
右图：巴黎凯旋门拱顶沿用古罗马建筑的细致花式雕工

02/ 香榭丽舍大街

提起香榭丽舍大街，法国人脑海中马上响起一首脍炙人口的同名老歌：

Je m'baladais sur l'avenue le coeur ouvert à l'inconnu
（我漫步在大道上，心儿向陌生人敞开）
J'avais envie de dire bonjour à n'importe qui
（我想和路人都说声你好）
N'importe qui et ce fût toi, je t'ai dit n'importe quoi
（不管是谁，或许是你，也不论说些什么）
Il suffisait de te parler, pour t'apprivoiser
（反正能和你说上话就够了，因为你早晚会属于我）
Aux Champs—Élysées, aux Champs—Élysées
（在香榭丽舍大街上，在香榭丽舍大街上）
Au soleil, sous la pluie, a midi ou a minuit
（不管晴天还是下雨，不管白昼还是黑夜 ）
Il y a tout ce que vous voulez aux Champs—Élysées
（在香榭丽舍大街上有你想要的一切）

香榭丽舍大街，法国的门店。这毫无疑问是全欧洲最繁华的街道，庞大的奥斯曼建筑群也同时让她“沾染”上欧式贵族气质。奢华的国际大酒店、气派的宴会厅、各类奢侈品牌总店、拍卖行、画廊、珠宝商会、跑车 4s 店，鳞次栉比，目不暇接。一年一度的法国国庆阅兵式与环法自行车赛的终点也设在这里。入夜后，灯火辉煌、车水马龙的香榭丽舍大街就像一组组流光溢彩的高帧照片，把巴黎这座国际大都市的浮华与奢靡演绎到极致。

就像歌词中唱的那样，不管晴天还是下雨，不管白昼还是黑夜，这里有你想要的一切！

上图：香榭丽舍大街的夜晚总是车水马龙
中图一：大街上的奢侈品店顾客络绎不绝
中图二：香榭丽舍大街位于巴黎第八区 典型法式街牌
下图：每逢国庆，披着国旗的法国人总会把香榭丽舍大道挤得水泄不通

埃菲尔铁塔

地址：Avenue Gustave Eiffel 75007 Paris France
营业时间：每天 9：30—23：45
票价：25.50 €（含直至塔顶的观光电梯）
电话：+33（0）8 92 70 12 39
网址：https://www.toureiffel.paris/fr

03/ 埃菲尔铁塔

自从 1851 年伦敦举行第一届世界博览会以来，法国意识到一个国家的科技与工业实力是多么重要，她暗自较劲，蓄势发力，希望巴黎也能举办一场世博会，借此提升自己的工业大国形象。在法国大革命 100 年后的 1889 年，法国迎来了自己的世博会。著名工程师居斯塔夫・埃菲尔为此盛世建造了法国有史以来最高的建筑——埃菲尔铁塔，巴黎从此多出了一位“铁娘子”。

起初，法国人对于铁塔非常抗拒，认为它破坏了巴黎奥斯曼建筑的整体风格，所以组委会在世博会结束时，决定拆除铁塔以恢复巴黎原貌，但考虑到世博会的主办已使国库入不敷出，便暂且搁置了这一计划。久而久之，人们开始习惯了这个庞然大物的存在。真可谓无心插柳柳成荫，埃菲尔铁塔在一个世纪之后居然成为法兰西第一地标。

浪漫的铁塔，
醉心于爱城的凡人的梦

每逢 7 月 14 日国庆节，塔下振奋人心的交响乐，塔上五彩斑斓的灯光秀，塔后万紫千红的烟火表演，交汇出一场人间绝美的视听盛宴

铁塔高324米，共有三层平台，逐级缩小。在第二层平台上设有一家以法国大文豪儒勒·凡尔纳（科幻小说之父，著有《海底两万里》《地心历险记》《八十天环游地球》）命名的米其林星级餐厅。

夜幕降临后，在黄色霓虹灯照耀下的巴黎铁塔每逢整点会闪烁五分钟，届时必然引起游客们一阵兴叹，毫不辜负“浪漫之都”的美名。在重要的法国节假日，铁塔还会换上新装，被市政府打上象征法国国旗的红白蓝三色。每年7月14日，巴黎市政府还会铁塔下组织万人露天音乐会，欢庆国庆节。届时，塔下振奋人心的交响乐，塔上五彩斑斓的灯光秀，塔后万紫千红的烟火表演，交汇出一场人间绝美的视听盛宴，尽显埃菲尔铁塔举世无双的魅力。

04/ 荣军院

荣军院是 1670 年由路易十四授意建造的一栋专门庇护伤残士兵的“养老院”。直至今日，它依然接收为国征战而不幸伤残的英雄们，同时也是圣路易大教堂、法国军事博物馆、拿破仑一世陵墓的所在地。这个巨大而复杂的建筑群，是法国建筑史上不可多得的古典主义杰作。

夕阳洒落在荣军院的金色圆顶上，有种沧桑而充满气魄的壮烈之美。坐在荣军院门口的草坪上，感受夕阳的余晖和巴黎的厚重，心中涌起一股对英雄们的敬意。

荣军院博物馆曾是战后老兵的疗养院，南部教堂的穹顶下，安放着法国帝国皇帝拿破仑的棺木

地　址：Côté Esplanade des Invalides，129 rue de Grenelle，75007，Paris

营业时间：4 月 1 日至 10 月 31 日：每日 10：00—18：00/11 月一日至 3 月 31 日：每日 10：00—17：00

网址：http://www.musee—armee.fr/accueil.html

法国著名建筑师维斯孔蒂为拿破仑一世设计的棺木

荣军院里藏有拿破仑的棺冢

玻璃窗上浇筑着代表拿破仑的字母 N 花体

05/ 先贤祠

这座新古典主义建筑位于巴黎拉丁区的最中心，被法国著名学府索邦大学建筑群所环绕。路上来往的学生、拿着公文包的教授、临街的旧书店，先贤祠的街区充满了浓厚的学术气息。

先贤祠在古希腊语中是众神的意思，也有人将此建筑翻译为万神庙，在意大利罗马也有一座。先贤祠正面模仿古罗马神殿，拱顶照搬意大利建筑师布拉曼特在梵蒂冈圣彼得大教堂的穹顶设计。正面用科林斯式的柱廊支起了神庙的三角楣。因为这座大殿用来安葬和纪念为法国学术界做出杰出贡献的重要人物，如伏尔泰、卢梭、雨果、左拉、居里夫人、大仲马等著名思想家、社会学家、文学家和科学家，所以三角楣中的浮雕拥有特别寓意——中间代表祖国的“拟人体”，她赐福与保护着站在她左边代表“伟人”和“学生”的象征体，以及站在她右边代表“科学、哲学、文学和艺术”的象征体。三角楣下方刻着：Aux Grands Hommes, la Patrie est reconnaissante（祖国感谢这群伟大的人）。

斑驳的阳光从穹顶射入先贤祠，安抚着沉睡的灵魂，点亮了访问者的心

地址：Panthéon：Place du Panthéon，75005 PARIS
营业时间：每天 10：00—18：00
网址：http://www.paris—pantheon.fr
电话：+ 33（0）1 44 32 18 00

06/ 巴黎圣母院

维克多・雨果笔下的钟楼怪人卡西莫多与吉卜赛女子埃斯梅拉达的凄美爱情故事让许多人对巴黎圣母院心驰神往。

巴黎圣母院于1163年开始动工修建，饱经风霜，屹立至今，她见证了法国历史上无数个重要的时刻：伊丽莎白与菲利浦二世隆重的婚典、拿破仑盛大的加冕以及历朝历代王室成员肃穆的葬礼……

昔日巴黎圣母院立面

经典的哥特式风格让圣母院充满了灵性之光，虔诚地点上一支蜡烛，让心在圣洁而静穆的教堂里徜徉。每逢周日，身穿祭袍的主教们定会在此举行一场庄严的弥撒，届时，伴随着教徒们悠扬的赞歌和仪式的神圣感，恍如穿越到中世纪的神权时代。

令人痛心的是，2019 年 4 月 15 日傍晚，圣母院突发大火。由于电线老化走火未被及时发现，火舌迅速吞没了教堂的所有木质结构，四扇玫瑰花窗惨遭损毁，教堂尖顶在灾难中坍塌，所幸的是教堂主体结构得以保存，最大的彩绘玻璃窗和一批画作也因抢救及时幸免于难。但这把火并没有烧尽圣母院 800 年的记忆，她化作一个个生动的故事，永远镌刻在世人心中。目前法国政府也启动了相关修复计划，相信在不久的将来圣母院会以新的形象再度向世人开放。

圣母院立面刻有基督的十二门徒和天主教的其他圣人

基督降临图以浮雕的形式刻在立面之上

巴黎圣母院作为欧洲哥特式教堂的代表，她首开先例，利用飞扶壁来支撑外墙，使其比同时期其他教堂更高更雄伟

教堂内拱顶凸显哥特式风格

周日例行天主教弥撒仪式

圣母院雨漏的形状是滴水嘴兽的头颅，它面目狰狞地注视着路人

巴黎圣母院的玫瑰玻璃彩窗曾是这座百年教堂的标记，如今在大火中毁于一旦

2019 年 4 月份的一场大火把巴黎圣母院的拱顶彻底烧毁了

地址：l' Île de la Cit é , 75001, Paris

营业时间：尚未确定

电话：+33 （0）1 42 34 56 10

网址：http://www.notredamedeparis.fr

圣心大教堂塔顶是观赏巴黎全景的绝佳地

07/ 圣心大教堂和蒙马特高地

位于蒙马特高地最顶端的圣心大教堂修建于 1870 年，自 1873 年开始向公众开放。洁白无瑕的外表加上高耸于山丘的特殊位置，使其显得格外圣洁。

这座建于 19 世纪末的大教堂在建筑风格上混杂着各个时期的元素，罗马式、拜占庭式和罗曼式在她身上均有体现，而且她不是

如今的蒙马特高地遍地纪念品商店和咖啡馆

圣心大教堂

地址：35 rue du Chevalier— de —la —Barre,75018

营业时间：每天 6：00—22：00

电话：+33（0）1 53 41 89 00

网址：http://www.sacre—coeur—montmartre.com

传统的长方形廊柱教堂建筑，而是由四个穹顶组成的希腊十字结构与现代主义建筑风格的混合产物。另外，与绝大多数传统的、东西朝向的教堂不同，圣心大教堂坐北朝南，南大门直接俯视整个巴黎，意在赐福全城。这些折衷主义元素令圣心大教堂在宗教建筑史上占有极其特殊的地位。

圣心大教堂所在的蒙马特高地是巴黎艺术家的摇篮，斯坦朗、德加、左拉、塞尚、雷诺阿、高更、毕加索、梵·高等艺术家都曾是蒙马特高地酒吧和夜总会的座上宾，他们穿梭于红磨坊、狡兔酒吧、黑猫夜总会、煎饼磨坊之间，毫无顾忌地在巴黎的康康舞女郎们的裙摆下获得灵感。他们用无边无际的热情和想象力描绘着这片被艺术精灵亲吻过的艺术高地。而今，故人西辞 ，高地依旧。在圣心大

圣心大教堂立面

艾米丽想对尼诺坦白爱意，可却欲言又止

Tip:

如果你是法国电影迷，在离开蒙马特之前，不要忘记在山脚下寻找《天使爱美丽》咖啡馆的踪影。

蒙马特高地是巴黎画家村的起源地

教堂旁的小丘广场上，街头艺术家们仍然不遗余力地为路人绘画肖像，他们用画笔记录着他们眼中、心中、梦中、记忆中的蒙马特，从而延续了这片高地独特的人文风格与文艺地位，成为全巴黎艺术氛围最浓郁的街区。不知道是艺术家赋予了蒙马特想象力，还是蒙马特给予了艺术家创造空间，这里虽然没有巴黎左岸拉丁区的古典高雅，却多了一份热烈与真诚，每一幅画、每一处涂鸦、每一个小小的工作室都有它的温度。

这里没有左岸拉丁区的古典高雅，却多了一份自然 与真诚

20 世纪初黑猫夜总会的海报

蒙马特随处可见惬意宜人的小咖啡馆

2 艺都猎奇

虽然卢浮宫的名望享誉全球，但是巴黎“艺术之都”的美誉绝对不是光靠卢浮宫给撑起来的。况且，卢浮宫早已停止接收1845年之后创作的新品，此年限之后的作品也陆续分配至其他博物馆中。然而1845年之后的法国恰恰步入了全新的近现代艺术的革命高潮，印象派领军人物莫奈、野兽派先驱马蒂斯、现实主义雕塑大师罗丹、立体派顶梁柱毕加索、超现实主义先锋达利、表现主义巨匠莫迪利亚尼等等一起造就了巴黎其他博物馆的繁荣。让我们走进巴黎艺术圈，看看这群艺术大咖都在哪些场馆留下了自己浓墨重彩的一笔。

01/ 奥赛博物馆

奥赛博物馆的前身是建于1900年的奥赛火车站，建造的初衷是服务于第五届巴黎世界博览会。1986年，从火车站改建而成的奥赛博物馆正式开馆营业，博物馆还怀旧式地保留了原火车站的车站挂钟。它的藏品主要来源于卢浮宫和卢森堡博物馆的移藏。她所收纳的艺术媒介多样，油画、雕塑、装饰艺术、摄影艺术和素描图纸等等，展品分类整齐，使得整体游览体验便捷而紧凑。

这座世界上收藏印象派作品最齐全的博物馆，展出了梵·高的《罗纳河上的星夜》、莫奈的《花园里的女人们》、德加的《芭蕾舞教室》、马奈的《草地上的午餐》等绘画精品。另外，米勒的《拾穗者》和库尔贝的《奥南的葬礼》等现实主义作品也同样被她收入怀中。她的雕塑艺术品也可圈可点，其中以罗丹的《青铜时代》、他的情人卡米耶·克洛岱尔的《成熟年代》和马约尔的《地中海》最为出众。

由旧火车站改建的奥赛博物馆总能寻得欧洲火车站的细枝末节

地址：1, rue de la L é gion d'Honneur, 75007 Paris

营业时间：周二、三、五、六、日 9：30—18：00，周四 9：30—21：45

（周一、5 月 1 日、12 月 25 日闭馆）

电话：+33（0）1 40 49 48 14

网址：http://www.musee—orsay.fr/fr/accueil.html

上图：马奈《草地上的午餐》
中图：米勒《拾穗者》
下图：梵·高《罗纳河上的星夜》

橘园美术馆立面小巧玲珑，但门厅前时常大排长龙

地址：Jardin des Tuileries：Place de la Concorde，75001 PARIS
营业时间：每天9：00—18：00（周二闭馆）
电话：+33（0）1 44 77 80 07
+33（0）1 44 50 43 00
网址：http://www.musee—orangerie.fr/fr

02/ 橘园美术馆

对于喜欢莫奈的游客而言，橘园美术馆是一定不可错过的。环绕四面墙壁的巨幅睡莲图绝对可以称得上赏心悦目。据说莫奈在一战时期绘制这些睡莲图，是为了慰藉硝烟弹雨中巴黎人绝望而疲惫的心。

除此之外，负一层藏有印象派先锋雷诺阿、后印象派巨匠塞尚与高更、野兽派灵魂人物马蒂斯与德兰、立体派代表人物毕加索与洛朗桑、表现主义大师莫迪利亚尼等 19 世纪末 20 世纪初各大艺术家的杰作。

参观完博物馆，可在馆前繁花似锦的杜乐丽花园里休息一番，好不惬意！

莫迪利亚尼《保罗》

高更《风景照》

马蒂斯《红裙姬妾》

莫奈的巨型睡莲系列是橘园美术馆的镇馆之宝。蓝色系的睡莲是莫奈晚期在做了白内障手术后的特别作品，因为他可以捕捉到常人眼睛无法看见的紫外线

雷诺阿的《弹钢琴的小女孩》是其得意作品

莫奈睡莲局部

莫奈睡莲局部

莫奈睡莲局部

蓬皮杜立面

03/ 蓬皮杜艺术中心

1977年，现当代艺术爱好者乔治·蓬皮杜总统倡导在巴黎建造一所与国际接轨、与时俱进的艺术中心。蓬皮杜总统认为在飞速发展的当今时代，艺术应该突破媒介的限制，美术、书籍、设计、音乐、电影等艺术表现形式需要融合在一起，推陈出新，丰富艺术的概念，更新人们对艺术的认识。事实正是如此，以“达达主义”创始人马塞尔·杜尚的《小便池——泉》为例，蓬皮杜艺术中心的“前卫”作品一直诘问和挑战着大众的传统审美观，荣升为法国乃至全欧当代艺术的标杆。

地址：Place Georges Pompidou, 75004 Paris
营业时间：11：00—21：00，每周二和5月1日闭馆
电话：+33（0）1 44 78 12 33
网址：https://www.centrepompidou.fr

在古典的巴黎奥斯曼建筑群围绕下的蓬皮杜中心，另类又前卫。呈几何状的钢筋结构门面，现代感十足，其设计风格体现了 20 世纪高速发展的工业文明。在她收藏的十万多件艺术品中，以造型艺术、摄影艺术、新媒体艺术、实验电影、建筑艺术、设计艺术、装置艺术、概念艺术以及对未来工业发起展望的混合艺术为主。通过融合各种艺术元素，蓬皮杜中心把 20 世纪和 21 世纪五花八门的艺术理念万花筒般展现在受众眼前，并且重新定义了“艺术”的概念。

顶楼设有精致的蓬皮杜餐厅，在这里用餐品茗，不仅可以感受狂放不羁的当代艺术氛围，还可以俯瞰整个巴黎的全景。

断层式电梯是蓬皮杜的招牌名片

蓬皮杜馆长曾说在电梯中穿行的意义是拂去古典，走入近当代的过程

巨型排气管和彩色金属架是蓬皮杜当代艺术的标签

大皇宫每两年会让自己摇身一变成为全球最大室内滑冰场

香奈尔的时装走秀活动

欧洲时尚圈教父卡尔·拉格斐回顾展

04/ 大皇宫

大皇宫建于 1897 年，肇建之初是为了满足 1900 年巴黎第五届世界博览会的展览需求，正如她西翼的三角楣上写的（法兰西共和国赐给艺术的荣光之殿）那样，她用于举办法国官方各类大型艺术活动。

大皇宫的整体建筑风格突出了法国传统工艺和现代建筑相结合的特点，整

地址：3, avenue du Général Eisenhower，75008 Paris

营业时间：周一至周四 10：30—18：00; 周五至周日 10：30—19：00; 5 月 1 日闭馆

电话：+33（0）1 44 13 17 17

网址：https://www.grandpalais.fr

个宫顶被巨型玻璃所覆盖，并由法式传统雕花工艺处理过的青铜作支撑，是现代与古典双重审美的完美融合。宫殿外，面向香榭丽舍大道与塞纳河的两侧，各摆放着一尊青铜雕塑，它们出自于艺术家乔治·雷希鹏之手，分别是《和谐胜过纷争》和《不朽超越时间》。

大皇宫目前是一个只举行临时展览的博物馆，展览主题涵盖时装、摄影、戏剧、美术、电影等。在每隔两年的冬季，还举办欧洲最大的室内滑冰盛典。参观之前，不妨在其官网查明出行当日的展览类型，提前做好相应的观览准备，以避免展览类型超乎所料而带来的不便。

小皇宫的门面凸显 20 世纪初装饰主义风格特征

05/ 小皇宫

与大皇宫正面相对的是小皇宫，当初建造也是为了 1900 年的巴黎世界博览会。这两座博物馆虽然并称大小两皇宫，但无论是建筑风格还是室内装潢，都大相径庭。

小皇宫整体围绕一个半圆形的花园而建，正面外墙长达 150 米，由精美的爱奥尼亚柱廊支撑。皇宫入口是此建筑的一大亮点，入口拱门可分为四层，层层分明，大量精美浮雕装饰着两侧与门楣。门廊下，镂空雕花饰的金色大门把 20 世纪初的法国典雅的装饰主义艺术风格展露无遗。拱形门廊四角分别设有一尊石雕，上下左右相互呼应，使得整栋建筑充满帝国主义魅力。

1900 年，法国新艺术运动达到巅峰，小皇宫以她收藏的大量新艺术运动人物画，见证了这段艺术时期的巨变与高潮，其中又以乔治・克莱林的《莎拉・伯恩哈特肖像》最为动人。

小皇宫的内置庭院和咖啡馆别具特色，值得在此小憩。

乔治·克莱林《莎拉·伯恩哈特肖像》

门楣细节体现建筑师努力重现法兰西一去不复返的帝国荣光

小皇宫内 Thu Van Tran 装置艺术临时展

在小皇宫的花园里小憩，暂避巴黎的喧嚣

地址：Avenue Winston Churchil，75008 Paris
营业时间：周二到周日 10：00—18：00，周五临时展览直到 21：00
电话：+33（0）1 53 43 40 00
网址：http://www.petitpalais.paris.fr

06/ 吉美博物馆

法国公立吉美博物馆是在法国收藏家爱米尔·吉美的私人收藏基础上建立的。这位收藏大师在世时曾是一位极具冒险精神的环球旅行家，他不仅在年轻时横渡地中海，游览了北非的埃及与东欧的希腊，还在1876年穿越太平洋，拜访了南亚的印度，最后穿过马六甲海峡，造访了远东的日本和中国。

他的环球旅行的后半段，不仅让他接触并了解了亚洲文化，也让他产生了为他一路收购的亚洲艺术品建立一个博物馆的念头。1889年，他的个人收藏品在巴黎新建的私人博物馆中找到了新家，它就是当今吉美博物馆的前身。在他辞世后不久的1927年，这个私人博物馆被归并到隶属法国文化部的法兰西博物馆总局，成为国有。十年后，文化部决定把法国历史上通过各种手段获取的亚洲文物也统统摆入此馆，吉美博物馆就此成为欧洲最重要的亚洲艺术博物馆之一。

吉美博物馆的中国展区有大约两万件收藏品，覆盖了长达五千年的华夏历史，上自还未组建成国的、新石器时代的原始氏族公社末期，下至20世纪初清朝帝国覆灭。中国历朝历代的青铜器、铁器、玉器、瓷器、漆器、马具、古铜镜、古钱币等应有尽有。除此之外，还藏有众多佛教雕塑品，以及汉、唐、宋、元、明、清的字画。

地址：6, place d’ Iéna, 75116 Paris

营业时间：除周二以外每天 10：00—18：00

电话：+33（0）1 56 52 54 33

网址：http://www.guimet.fr

因为篇幅有限，无法涵盖巴黎所有博物馆。在此以艺术风格所处年代的时间顺序，例举一些本书未涉及却依然值得拜访的其他场馆，可以在搜索引擎上找到与之相关的实用信息。

◎中世纪艺术（Art Médiéval）

国立中世纪艺术馆 （Musée Cluny）

◎巴洛克和洛可可艺术（ Baroque et Rocco）

凡尔赛宫（Château de Versailles）

枫丹白露宫（Château de Fontainebleau ）

◎法国印象派艺术（ Impressionisme）

玛摩丹美术馆（Musée Marmottan Monet）

蒙马特美术馆（Musée de Montmartre）

◎近现代和当代艺术（ Art Moderne et Contemporain）

巴黎近代艺术馆（Muséed' Art Moderne de la Ville de Paris ）

东京宫 （Palais Tokyo）

路易威登基金会（Fondation Louis Vuitton）

◎艺术家个人美术馆（ Muséesd’Artistes Individuels）

莫奈花园（Fondation Claude Monet）

德拉克洛瓦画室（Musée national Eugène Delacroix）

罗丹美术馆（Musée Rodin）

达利美术馆（Espace Dalí ）

毕加索国立博物馆（Musée National Picasso—Paris）

Part 4 送你一张老司机的巴黎地图

巴黎的美确实无与伦比，在寻访她恢宏的历史地标，探秘她绝世的艺术宝库后，应该好好地犒劳自己一番，在缓慢与从容中回味巴黎的风华。让我们步入巴黎本地人才去的老店、小店，满足味蕾，补充能量，汲取灵感，感受一番地道的本地人生活。

1

美食之都的饕餮与盛宴

《流动的盛宴》是美国作家海明威在上个世纪初在巴黎写下的杰作，当谈及法国珍肴的时候，作家没有节省丝毫笔墨，大肆赞赏巴黎的美食与餐桌文化。法餐、意餐和中餐并称为世界上最著名的三大美食体系，而法餐率先在2010年被世界教科文组织纳入人类非物质文化遗产列表，是非遗中的首例饮食文化。它以菜品优良、菜式丰富、礼仪烦琐、用餐时间长为特色，其主料之醇正、辅料之美味、口感之细腻、餐具之华贵，形成了一种自成格局的餐饮文化。

法国美食界巨星——主厨帕寇

L'Ambroisie 的高级管家已经在门口等候，每次走进这里都有一种温馨而又高雅的回家的感觉

01/ 米其林三星级法餐

巴黎之旅的最后一餐，应该留给拥有米其林三星的世界顶级餐厅——L'Ambroisie，它能给人留下最难忘的用餐体验，也能给旅程画上最圆满的句号。

L'Ambroisie 位于玛黑区孚日广场，法国国王路易十三曾在此举办婚礼，大文豪维克多·雨果也在广场六号公寓写出巨作《巴黎圣母院》和《悲惨世界》，这里散发着浓浓的皇室与人文气息。L'Ambroisie 的主厨贝尔纳·帕寇特别选址于此，目标客户群相当明确。

完美主义的帕寇在采购松露、鹅肝、鱼子酱等高级食材时，尤其不惜成本，差点让餐

地址：9, Place des Vosges, 75004 Paris, France
电话：+33 （0）1 42 78 51 45
网址：www.ambroisie—paris.com
人均消费：200 欧—250 欧
营业时间：午餐及晚餐，每周日、一公休

厅营业初期陷入破产危机。皇天不负有心人，餐厅仅仅在开业的 9 个月后，便神速般获得米其林一颗星的肯定；翌年再获一颗星；1989 年在重新装潢过后获得全球美食界殿堂级荣誉——米其林三星；时至今日 L'Ambroisie 以连续 30 年蝉联米其林三星的殊荣，创造了法国餐饮业的奇迹。甚至法国总统奥朗德邀请美国总统奥巴马的国宴也选择在此举办。名声大噪的 L'Ambroisie 让各路食客趋之若鹜。想在此享受一番顶级法国大餐的话，需要至少提前一个月预定。

L'Ambroisie 的中文翻译是“众神的珍馐”，源自古希腊神话。这名字取得毫不谦逊，但对品尝过它终极美味的食客而言，实属名至实归。主厨帕寇并不像其他明星大厨拥有演员般的曝光度，他很少接受媒体采访，即使在餐厅里也不常出现在客人面前。与其说是神秘，或许更该解释为专注，因为他把所有的心力都集中在厨房里的烹饪艺术上。

帕寇在巴黎的食材供应商眼中，也是鼎鼎有名的最挑剔、最严格的客户。如果送质量非顶尖的食材，这家供应商将被帕寇列入黑名单，并传递给他的同行，最终被整个巴黎高级餐饮业封杀。这种对于食材品质毫不迁就的精神，奠定了 L'Ambroisie“众神珍馐”的根基。

店内的两道招牌菜绝不可错过。

一、鲈鱼片衬朝鲜蓟佐金黄鱼子酱汁

鲈鱼片衬朝鲜蓟佐金黄鱼子酱汁

四片扇形鲈鱼片交错叠置在由朝鲜蓟堆砌起来的小圆塔上，金黄鱼子酱满满地漂浮在奶油酱汁上，首先称得上是奢华的视觉享受。鲈鱼的烹调处理得无懈可击，外酥里嫩，香滑多汁，正是品尝鱼肉的最佳熟度。鲈鱼片入嘴之前，需要浇沾一层鱼子酱相佐，它将刺激味蕾到兴奋的状态。鱼肉鲜滑甘美，而鱼子酱只需用舌尖轻

美国前总统奥巴马和法国前总统奥朗德在此举行国宴

黑松露千层酥

柔地往上颚一压，便会在唇齿间爆裂开来，层次丰富的、如海洋般的味道席卷而来，此番曼妙的味觉体验叫人回味无穷。

二、黑松露千层酥

L'Ambroisie 只在每年的二至三月，也就是唯一可以采摘野生黑松露的季节，才推出这款菜品。黑松露的品质非常容易受到采摘当日的天气的影响，只需细微偏差，味道相去千里。L'Ambroisie 在这两个月中的每天第一件事就是试吃当日新鲜入货的黑松露，哪怕只有一丁点不符合她的美食标准，便会在当日停止这款菜品的销售。能否享受到这款名震食林的人间美馔，全靠运气。松脆的千层酥包裹着两瓣体态丰满的黑松露，而黑松露间又夹着一块肥美无比的鹅肝。在入口前，侍者会请客人将黑松露与鹅肝对切，并在切开的刹那，深吸一口气，这是享受这道佳肴不可省略的仪式。这迎面而来的香气深幽奥妙、沁人心脾，可谓一场销魂夺魄的嗅觉体验。黑松露口感脆实，与丝滑的鹅肝块相映成趣，入口细嚼，齿颊留香，再搭配一款陈年干白，完美无缺。

其实 L'Ambroisie 的菜色一点都不花哨，属经典的法餐传统路线，与时下每日自创一道新菜的其他米其林餐厅非常不同。帕寇在法国美食界的名誉之高，源于他对食材选择的高度要求和制作食材时的坚韧与专心。他的烹饪原则很简单——使用最上等的新鲜食材，经过朴实无华却细致入微的烹饪艺术的辅佐，让美食立体式激发客人的五大感官。确实如此，享用到 L'Ambroisie 的料理时，仿佛有一道暖流，径直冲向灵魂最深处。

果真唯有众神之珍馐，才能给予凡人沁入心脾之感动。

02/Bouillon Chartier 首都“食堂”

这家百年老店在 1896 年便开始营业，最初本是巴黎蓝领工人的食堂。

Bouillon Chartier 是巴黎少数几家价格亲民却不失档次的餐厅，其以菜品丰富、分量充足、味道中肯、上菜快速、价格实惠在巴黎本地媒体上广受好评。

它一副帝国主义末期的法国大食堂的架势：可容纳 320 位宾客的大厅、金碧辉煌的室内装潢、陈旧的法式挂钟、棕木质的复古壁面……走进餐厅那一瞬，会产生穿越到欧洲百年老车站的错觉。店门口大排长龙是这家餐厅的家常便饭，因为它永远座无虚席，并且傲娇地不接受预订。虽然店内坐满了300号客人，服务员仍会抽出时间暖心地寻问：吃得怎么样？面包够用吗？还要水吗？ Bouillon Chartier 如此热闹的用餐环境和亲民贴心的服务延续了法国老牌餐馆的优良传统，使得整个用餐体验十分温馨，最适合时间不多却想享受经典法式餐馆的食客。

走进“食堂”那一瞬，会产生
穿越到欧洲百年老车站的错觉

地址 :7 rue du Faubourg Montmartre 75009 Paris

交通方式 : 地铁 8、9 号线 Grands Boulevards 站出口步行约 2 分钟

营业时间 :11：30—22：00

价格 : 10 欧—30 欧

建议 : 中午 12 点前或晚上 7 点前抵达可以避免长时间排队等候，选择餐厅最中间的位置可以全方位观赏“食堂”精致的装潢。

03/ 拉杜丽甜品店 极品百年马卡龙

巴黎著名的高级甜点拉杜丽创建于1862年，经过一个半世纪的不懈努力，得到了世界各地甜品爱好者的追捧。拉杜丽的特色甜点不少，但唯有马卡龙好似该店的名片一样，无人不知无人不晓。有人感叹，去了巴黎如果不品尝一回拉杜丽出品的马卡龙，那简直是白走一遭。

马卡龙被誉为“少女的酥胸”，夹心层湿软，柔韧而有弹性，吃下去第一口，酥滑无比，只需嘴唇轻轻一抿就能融化于唇齿间，甜蜜的幸福感立刻蔓延开来……

桃红色的蔓越莓味、绿色的青苹果味、深咖色的黑巧克力味是最受欢迎的网红款。在每年的特定季节，拉杜丽还会推出限量版的、应时的特殊口味。

而拉杜丽的甜品号称甜点界的路易·威登，不仅因为味美，而且因为外表诱人，简直是件美食界的艺术品，令食客不忍下口。店家还非常注重产品的外形，每年都会邀请巴黎著名时装设计师来设计甜品的包装。

拉杜丽在巴黎共有四间门店，其中下列两家的装修和情调最具风格。

香舍丽榭大道总店

地址 : 75 Av. des Champs—Élys é es, 75008 Paris, France
营业时间：7：30 —23：00
电话： +33 （0）1 40 75 08 75
官网：https://www.laduree.fr/

拉丁区分店

地址：21 Rue Bonaparte 75006 Paris, France
营业时间：8：30—19：30（周六营业至 20：30；周日 10：00 开始营业）
电话： +33 （0）1 44 07 64 87

时装设计师为拉杜丽设计的甜品包装盒

分店装饰简约却不失细节，而且服务更加贴心周到

少女的酥胸——拉杜丽的马卡龙经典款

总店巴洛克装饰风格让人恍如步入路易十四的寝宫，参加皇室午后茶点会

这家百年老店藏着数不完的秘密，见证了无数文坛的奇迹

04/ 众星荟萃花神咖啡馆

巴黎人不是在咖啡馆，就是在去咖啡馆的路上。与浪漫和文艺一样，咖啡因也是他们流淌在血液里的一部分。巴黎大街小巷形形色色的咖啡馆星罗棋布，而塞纳河左岸的咖啡胜在了历史与情怀。法国大文豪巴尔扎克曾写道："巴黎咖啡馆柜台就是民众的议会厅。"法国大革命、启蒙运动、超现实主义宣言等政治、社会、文化思潮都是在巴黎左岸咖啡馆萌芽，随后汇入法国社会。毕加索、海明威、萨特、塞尚等文艺大咖也是 20 世纪左岸咖啡的常客。他们在这里书写历史，引领思潮，构筑了一个又一个的文化高地，并

地址：172 Boulevard Saint—Germain, 75006 Paris
交通：地铁四号线 Saint—Germain des Pr é s
营业时间：07：30—01：30
电话： +33 （0）1 45 48 55 26

昔日的花神咖啡馆在黑白老照片上道出了巴黎人的往日情怀

为21世纪的新客人留下了一段段耐人寻味的传奇故事。如今，这些百年老店依然宾客盈门，想找到大师曾经坐过的桌椅有点困难。精致的圆桌、小巧的咖啡杯、经典的佳肴和街角似曾相识的面孔，让人有一种时空穿越的体验。走近文艺大咖的世界，思其所思，感其所感，不失为一种乐趣。“塞纳河畔左岸咖啡”这句植于在众人脑海中的刻板印象就是这里的真实写照，它是一个诗意的所在，一个灵感不断迸发的圣地，一个与缪斯和知己相聚的角落。

而在这左岸咖啡中最脱颖而出的便是以古罗马花神 Flore 命名的“花神咖啡馆”，店面不大，位于圣日耳曼大道和圣伯努瓦街转角。外观雅致，漆黑的窗檐、

花神咖啡馆
毕加索正在和友人攀谈

波伏娃与萨特在花神咖啡馆的旷世奇恋

五彩的遮阳伞、青枝蔓藤缠绕左右。自1885年创立至今，她以知识分子和精英阶层的灵感缪斯自居，她是存在主义的启蒙地、超现实主义的诞生地、波伏娃与萨特旷世奇情的见证人……西班牙艺术大咖毕加索、苏联政治家托洛茨基、法国作家杜拉斯、美国导演伍迪·艾伦、中国诗人徐志摩都曾拜倒在这位“花神”的裙摆下。哲学大师萨特曾说：“花神之路我走了四年，那是一条通向自由的路”。

分享一个鲜为人知的小秘密——花神咖啡馆的炉子上永远暖着巧克力，这是一个源自二战时的温暖情结。二战虽然结束，但此情结未曾间断，衍变成一种具有象征性的居安思危的标志。选择一个靠窗的位置，像巴黎人那样点上一杯热巧克力，书写花神咖啡馆的新历史吧。

花神咖啡馆的红色桌椅是拉丁区
最显眼的文化符号

2

浪漫之都的欢庆与邂逅

欧洲人戏称巴黎是座“不夜城”，顾名思义，她花天酒地的夜生活令人魂牵梦绕。夜色中的她似乎换了一副容颜，一改婉约庄重的仪表，以一种潇洒不羁的姿态展现在你我眼前，像极了一位故作姿态的女子，冷艳的外表下散发着十足的狂野。看样子是时候去体验一番这座浪漫之都的暧昧和她与生俱来的浮华了。

ROUGE
ZHANG Lulu 09.05.2018

01/ 红磨坊

想在爱城巴黎来一场浪漫的邂逅？那就一定不能错过独具盛名的高级夜总会——红磨坊。多少名人雅士曾在这里遇见他的红颜知己？多少痴男怨女曾在这里醉生梦死？手持高脚杯，与法国女郎们来一曲胶着的康康舞，一起步入巴黎 20 世纪初的“美好时代”。

红磨坊是巴黎屈指可数的高级夜总会，1889 年由法国建筑师阿道夫·威乐特和爱德华·尼曼联手建造。她背靠蒙马特山丘，坐落在巴黎北部著名

地址：82 Boulevard de Clichy, 75018 Paris
表演时间段：19：00 时长 : 3 小时 30 分（含晚餐）
21：00 时长 : 1 小时 30 分
23：00 时长 : 2 小时
预约电话：+33 1 53 09 82 82
官网：http://www.moulinrouge.fr

红磨坊舞女的演出服都是法国奢侈品牌公司为其量身定制的

红磨坊是现代巴黎人午夜邂逅的首选

“康康舞”是卡巴莱艺术中的压轴节目，把整场演出推向最高潮

的克利希大道上。1870 年普法战争后，饱受战争之苦的巴黎人需要一个能让他们抚平创伤、精神解脱的地方，于是各色各样的酒吧、歌舞厅、夜总会雨后春笋般出现在蒙马特，久而久之成为法国人心目中的红灯区。

最早的蒙马特仅仅是个手工业作坊集中地，多达 30 多座风车磨坊见证了它的兴衰。在 19 世纪的工业革命领导下，风车磨坊逐渐被电力机车所取代，如今仅仅象征性地保留了两座，“红磨坊”便是其中之一。夜总会创始人不仅因地制宜保留了这架破旧不堪的风车，还特意命人打磨其外观，涂上绚丽迷人、挑逗意味十足的红色漆料，赋予它全新的生命，这架红色的风车最后成为这家夜总会的招牌。

红磨坊是“卡巴莱”艺术的发源地，这是一种由喜剧、歌曲、舞蹈等元素相结合的娱乐表演，在 20 世纪初风靡一时。表演场地主要是在设有舞台和道具的餐厅与夜总会，观众通常在品酒用餐的同时观看演出。闻名全球的“法国康康舞”便是卡巴莱艺术中的压轴节目，把整场演出推向最高潮。康康舞的舞女一般身着黑色长筒袜和圆通舞裙，舞裙从上到下包裹多层裙摆，长及脚踝，每层裙摆都裁出波浪形的皱褶，使得舞女在挥舞舞裙时极具韵律感。康康舞的主要特点是热情奔放，迷人的法国女郎提起裙摆，露出美腿，跟着节奏左右挥动，时而快速高踢纤细的长腿，时而肆意发出兴奋的

高喊，令观众心潮澎湃，眼花缭乱。在上个世纪初，康康舞确实是巴黎交际花用于取悦男性上流顾客的情色表演，但经过一个世纪的改良，康康舞已大幅度减少了其色情元素，而且加入了单脚跳、劈叉、横翻筋斗等高难度动作，并带着不同程度的幽默、搞怪的情节，升华成一场老少皆宜的法国夜总会娱乐秀。

上世纪初，后印象派画家图卢兹·罗特列克的创作主题常常围绕这家夜总会展开，从他的画作里可以一瞥巴黎上层人士在俗称“美好时代”（19 世纪末至一战伊始）的 20 年里穷奢极欲、纸醉金迷的生活。21 世纪初，由尼可·基德曼主演的好莱坞电影《情陷红磨坊》，更是让这家传奇般的夜总会家喻户晓。

虽然红磨坊的名字和卡巴莱表演一直被世界各地的夜总会和歌舞厅所模仿，但是她以高质量的演出节目和出众的运营模式，从未被超越。

从图卢兹·罗特列克的作品中一瞥巴黎人在 19 世纪末红磨坊的夜生活

剧院立面仿意大利晚期巴洛克建筑风格，并掺进了第二帝国时期烦琐的雕饰，所以被称为“新巴洛克式建筑”

02/ 巴黎国家歌剧院

还记得悬疑小说家加斯通·勒鲁的巨著《歌剧魅影》吗？这本扣人心弦又叫人辗转难眠的惊悚小说正是以宏伟的巴黎歌剧院为背景。每当夜幕降临，这栋新巴洛克式歌剧院灯火通明，富丽堂皇的音乐厅里宾朋满座。在震撼人心的法国爱乐乐团百人交响乐的现场伴奏下，俄罗

《歌剧魅影》剧照

地址：8 Rue Scribe, 75009 Paris
交通：地铁 3、7、8 号线 Opéra 站
游览时间（非节目表演时间）：10：00—16：30（1 月 1 日、5 月 1 日休馆）
门票：11 欧
电话：+33（0）8 92 89 90 90
官网：https://www.operadeparis.fr/
注意：一些炙手可热的节目一票难求，需提前半年预定。

斯曼妙的芭蕾舞剧、英格兰诙谐的音乐剧、意大利雄浑的歌剧纷纷上演，如此高格局的视听体验能满足任何人对欧洲古老文明的憧憬和幻想。

现代歌剧艺术源自于17世纪的意大利米兰，意大利三大歌剧家——罗西尼、威尔第、普契尼的作品称霸欧洲戏剧舞台。法国人对这表现力极强的舞台艺术十分钟爱，他们吸取了意大利歌剧的精华，也创造出了具有本国特色的作品，例如乔治·比才的《卡门》。

1860年拿破仑三世打算建造一座让国人引以为傲的国家级歌剧院。他为这个剧院的建造组织了一次竞标赛，年仅35岁的建筑师查尔斯·加尼叶的设计方案在171件参赛作品中脱颖而出。

加尼叶匠心独运的设计果然不辜负这座殿堂级建筑，1875年歌剧院竣工时，成为法国第二帝国时期最成功的建筑作品。她含有2531扇门，7593把锁，六英里长的地下暗道。在她的地下层，还有一个容量极大的暗湖，湖深六米，每隔十年暗湖的水会被重新更换一遍。

剧院立面仿意大利晚期巴洛克建筑风格，并掺进了第二帝国时期烦琐的雕饰，所以被称为“新巴洛克式建筑”；剧院正面墙上刻着四组浮雕，分别是“诗歌”“器乐”“舞蹈”（被批为不庄重）和“歌剧”；廊柱上还附有古希腊音乐和舞蹈神祇的雕像；部分欧洲著名音乐家的青铜镀金半身像也被嵌在剧院二楼的廊柱上，如意大利作曲家罗西尼 、德国音乐家贝多芬、奥地利音乐家莫扎特、法国作曲家阿莱维。

剧院的音乐大厅在镶金扶栏和红色天鹅绒帷幕的烘托下气势不凡，共有2156个座位，水晶吊灯的重量超过6吨，竣工时曾拥有世界上最大的舞台，可同时容纳450名演员。超现实主义大师马克·夏卡尔还为此厅绘制了一幅巨型天顶画，从作品的布局来看，似乎有米开朗基罗为

歌剧院的中场休息厅的豪华程度好比凡尔赛的镜厅

歌剧院前厅的巨型台阶是 19 世纪的绅士贵妇们的走秀场

超现实主义大师夏卡尔的天顶画为第二帝国主义风格为主打的歌剧院增添了一份活泼的现代主义光彩

歌剧《茶花女》剧照

芭蕾舞蹈演员在歌剧院内彩排

梵蒂冈绘制西斯廷天顶画的影子，夏卡尔借用这件作品向 14 位欧洲作曲家致敬——比才、威尔第、贝多芬、莫扎特、穆索尔斯基、瓦格纳、柏辽兹、拉莫、德彪西、拉威尔、斯特拉文斯基、柴可夫斯基、亚当和格鲁克。

在欧洲，歌剧院不仅上演舞台艺术，而且服务于上流社会的娱乐与社交。耗资近一亿法郎的巴黎歌剧院气势雄伟，装饰奢华，是当时规模最大的娱乐圈、门槛最高的社交场。她富丽堂皇的休息大厅可与凡尔赛宫的镜廊媲美，新巴洛克式的雕塑和绘画充斥于镶金的四壁、天顶和柱廊之间，像一个贵妇人的首饰盒，珠光宝气。这里便是法国贵族们在歌剧开演前和结束后觥筹交错的地方。贵妇们在此交头接耳，评论演出的点滴细节，绅士们则举杯互敬，大谈国事。

法国歌剧作为后起之秀，丝毫不敢怠慢，经过几代人的努力，成功挤入世界歌剧的艺术殿堂，让老牌舞台艺术大国意大利和奥地利刮目相看。如今，巴黎国家歌剧院以其高品质的演出节目和雄浑的建筑外表，与意大利米兰斯卡拉歌剧院和奥地利维也纳国家歌剧院齐名，并列成为世界上最引人注目的三大歌剧院。

如果想体验一番高雅的舞台艺术，可登入歌剧院官网了解演出信息，预定演出门票。如果只想一睹这栋气宇轩昂的新巴洛克建筑的风采，歌剧院每日下午向游客开放，如果运气好，可以在音乐厅中巧遇演员们的彩排。

巴黎市政厅前年轻人玩着沙滩排球

巴黎随处可见艺术的踪影，街头艺术家临时售卖自己的摄影作品

五彩斑斓的达利面孔涂鸦突然出现在普通楼房的一隅，巴黎时刻带给人惊喜

站在咖啡店门口惬意地抽烟似乎是巴黎人获取创意灵感的不二法则

3 时尚之都的创意彩蛋

塞纳河畔的这家莎士比亚书店是个传奇。

书店的内部装潢保留了法国 17 世纪门店独有的古老格调，好似踏入了法国老贵族的私人书房。上万本书籍乱中有序地摆放在店主认为可以利用的每个角落，需要用梯子才能够着四周成排书架的最高层。老板西尔维亚甚至连屋顶的横梁都不放过，某些老横梁似乎早已承受不起这“沉重的文化”，歪歪斜斜，不禁使人怀疑它随时会坍塌下来。

书店以英国最伟大的文学家莎士比亚命名，暗示它有且只售英文图书。贴心的西尔维亚特意为读者在拥挤不堪的角落里设置了几张温馨的小床。西尔维亚创意非凡，以一天内读完她指定的某本图书并为书店整理书籍两小时为条件，允许茶饭不思的客人在书店里免费过夜并参观她的私人书房，并要求连住三天以上的读者交出一篇生平自传，她将把它们打印成册，供人免费阅读。

上个世纪初，海明威在《流动的盛宴》中回忆道："在那条寒风凛冽的街道上，莎士比亚书店可是个温暖舒适的好去处，冬天生起一个大火炉，屋里摆着桌子和书架。店长和蔼可亲，性格非常开朗，她说我们想借几本书就借几

这看似不起眼的书店门面却是众多当代文青的朝圣地

地址：37 rue de la Bûcherie
营业时间：10：00—23：00
电话：+33（0）1 43 25 40 93
官网：http://shakespeareandcompany.com

在上万本书中沉沉入睡，想必会做这世上最甜美最安心的梦

本书，可以等有钱的时候再交保证金。”就是在那个时代，乔伊斯还没有踏入不朽、庞德还在为诗集出版努力、海明威还没出版自己第一本小说，莎士比亚书店就已经是这群浪迹他乡的英美人坚强的后盾，是他们在巴黎寒冷的冬日里最温暖的去处。

2015 年，西尔维亚买下隔壁的商铺，开了家咖啡厅。带上一本让你爱不释手的书，坐在一个安静的角落点一杯香浓的咖啡，再咬下一口酸甜的可丽饼，透过玻璃窗对着巴黎圣母院发呆，浓浓的幸福感油然而生。

巴黎确实没有产出大文豪莎士比亚，却藏有世上最特别的莎士比亚书店。

尾声：在他乡写自己的故事

靠近博尚地铁站那家小小的法国餐厅，每晚 7：30 分会准时亮起一盏橘黄色的灯。此时巴黎的节奏在灰蓝色夜幕下终于慢了下来。再也没有行色匆匆的人群从林立的高楼里涌出来，相互拥挤地奔向地铁口。

街道上的灯被依次点亮，像一个个温馨的梦。于我而言，巴黎就是一场彻头彻尾的梦，有时候浪漫得像春野樱花，有时候失落得像秋风残叶。但是这场梦我怎么也捉不住，因为它同时拥有蒲公英般的轻柔和脱缰骏马般的狂野，在它安静的外表下暗流奔涌。

梵·高《渴望生活》临时展作品《夜晚露天咖啡座》

小麻雀皮雅芙回顾展

那些和这座城市一样，彷徨失措却充满希望的灵魂可能都在追寻一个不得而知的梦，正是这样的矛盾让巴黎和她的追梦人一样孤傲而迷人。那些清晨门口挂着风铃和早安牌的面包店、午后梧桐叶下光影斑驳的小花园、夜晚唱着民谣的小酒吧，成了这些灵魂最安然的去处。如同无翼天使，它们守护着一个个飘渺而真实的梦和一群疲惫又或者不知疲倦的追梦人。人生几何，能在巴黎梦一场，醉一场，此生无憾！

餐厅服务员是一个50岁左右的法国大叔，他挂着淡淡的笑容，真诚而自然。生活中的烦心事，是没有什么不可以用一块可口的可丽饼和一份真诚的微笑来解决的。这是巴黎的一角，多么不起眼的一角啊，这里没有塞纳河左岸的浪漫或右岸的繁华，没有圣母院肃穆的钟声，也没有铁塔炫目的灯光。这里是浮华卸去后的巴黎本真。我时常来这里，点同样的食物，和同样的人说话，读同一本书。待在这个千变万化、五彩斑斓、人来人往的巴黎久了，那些不变的人和事反而更加值得珍惜。生活愈是简单，愈叫人无法割舍。伴着柔光和烈酒，放下一切防备，和友人聊聊平淡却真实的生活点滴，再也没有什么时候比现在更让人感到安宁幸福了。

吃过晚饭，街道上只剩下孤独的灯影，我与朋友互道晚安，便各奔前程。我想，世上没有任何人能陪另一个人完整地走过一生。

我竖起衣领，在寒风中走进 13 号线地铁口。

巴黎是一场不知好坏，不知结果，甚至不知与真实有多么遥远的梦。此时的地铁里人已不多，最后一节车厢里仅坐着一个醉醺醺的流浪汉，两个西装革履的上班族，一个牵着三个小孩的非洲妇女。我选了一个离人群最远的座位，头倚在车窗玻璃上发呆。我想，哪怕已经无法分清梦境和真实，哪怕在这座虚实交替的城市里独自迷惘，都应该勇敢前进。

我记得第一次徘徊在拉丁区各色咖啡店、书店和创意工作坊时，阳光明媚得让我几乎睁不开眼，我第一次知道原来一座城市真的可以精彩到让人目眩。奥斯曼建筑上的

人生几何，能在巴黎梦一场，醉一场，此生无憾

玛黑区的画廊老板豪爽地给了我人生第一份工作

总喜欢来这家餐厅，点同样的食物和同样的人说话

她教会我游泳，做饭，西班牙语，
可最终，时间让我们错过

每一个浮雕似乎都在向我招手："嘿，想不想在巴黎编织一场属于你自己的梦？"

我记得第一次走入玛黑区的画廊，鼓起勇气，已做好被拒绝的准备，告诉老板我想要一份工作。他放下手中的报纸，眯着眼睛直勾勾地看着我半晌，瞅也没瞅我的简历，就张口道："行，那你下周一来试试看吧。"不敢相信自己的耳朵，幸福居然来得如此之快，这是我在巴黎至今做过的最美的梦。我知道，也向往人生还会有无数这样的好梦，只要不放弃并一往无前，梦就不会破碎。我暗暗地告诉自己，也许有的灵魂只有在狂风里才能尽兴。

我记得第一次和喜欢的女孩一起逃课，从卢浮宫走到爱桥，买了一把同心锁刻上两人的名字，信誓旦旦地向对方发誓这辈子永远都不分开。圣米歇尔雨后湿漉漉的石板路上映着巴黎灰蓝色的天空，她停下脚步，双眼湿润，严肃地说"巴黎是颗忧郁的眼泪"，而我只是噗嗤一笑，头也没回继续向前走。人生的可笑在于，一个人执着地向前走，却在茫茫人海中突然多了一份温柔的羁绊，让已经走得太远并且习惯用坚强独自面对一切的你不知所措。她教会我游泳、做饭和西班牙语，可最终，时间让我们错过。

我记得第一次去法国国家图书馆，参观《玫瑰人生》的演唱者小麻雀皮雅芙的回顾展。我问自己，如何能够让一个天籁的声音以视觉的形式出现在一堆图书里？而巴黎就是这样一个充满想象和可能的城市。我偷偷地问自己，是否有一天我也可以为自己的心之所爱办一场展览？而直到今天，我却依然在寻找自己的心之所爱。会找到，很快就会找到，我相信，这个人会值得让我用一生为其操办一个最唯美的回顾展。

地铁一直朝前开，铁轨发出刺耳的摩擦声，然而不论现实的轰鸣声有多刺耳，只要闭上眼睛可以做梦，那么美好就不会改变。记得几年前在奥赛美术馆看完“百年梵·高展”后，给自己买了一本《渴望生活：梵·高传》。当读到这位荷兰画家如何在异国他乡对梦想笨拙又偏执地坚持时，我独自坐在塞纳河畔神伤，真心羡慕却又可怜这个男人。世人总这样，讨厌、嫉妒而又怜悯这世间能照见自己的一切。这个男人和我一样都独自生活在异国他乡，遇见了改变自己生命历程的人和事，傻傻地追一个不得而知的梦，时不时回头顾盼，焦虑彷徨，质疑自己，但最后还是义无反顾地向前走。塞纳河上的桥、桥上的轻风、风里的花香、花香里的梦，一层包裹着一层，让最惶惑的心也学会了勇敢与坚持。

我的地铁到了，我的故事也告一段落。你的呢？来塞纳河畔，聊聊你的梦想和你的故事吧！

图书在版编目（C I P）数据

漫步卢浮宫博物馆 / 胡毅涵著 . -- 南昌 : 江西美术出版社 , 2020.5

ISBN 978-7-5480-7458-8

Ⅰ . ①漫… Ⅱ . ①胡… Ⅲ . ①博物馆 - 介绍 - 巴黎Ⅳ . ① G269.565

中国版本图书馆 CIP 数据核字 (2020) 第 044610 号

出 品 人 : 周建森

责任编辑 : 邱　婧

特约编辑 : 朱倩文

责任印制 : 谭　勋

书籍设计 : 韩　超　林思同　先锋設計

漫步 卢浮宫博物馆

Wandering through the Louvre Museum

艺术之旅微笔记系列

著　　者 : 胡毅涵

出　　版 : 江西美术出版社

地　　址 : 南昌市子安路 66 号江美大厦

网　　址 : jxfinearts.com

电子邮箱 : jxms163@163.com

电　　话 : 0791—86565819

邮　　编 : 330025

经　　销 : 全国新华书店

印　　刷 : 浙江海虹彩色印务有限公司

版　　次 : 2020 年 8 月第 1 版

印　　次 : 2020 年 8 月第 1 次印刷

开　　本 : 889 毫米 ×1194 毫米 1/32

印　　张 : 6.75

书　　号 : ISBN 978-7-5480-7458-8

定　　价 : 58.00 元
